関東学院大学出版会

アダム・スミスの経済理論

星野彰男

まえがき

本書は、アダム・スミス（英国スコットランド、一七二三—九〇年）思想研究の一環であり、前著（『アダム・スミスの経済思想』）に対し提起された諸論点への応答を通して、同じ主題のさらなる掘り下げと展開を試みたものである。本書の書名は月並みに見えようが、不思議なことに、私の知る限り世界初である。ここに、本研究の問題性が暗示されている。前著には力のこもった書評五本が公表されたが、とくに羽鳥卓也氏の論評への応答が本書の末尾二章を成している。その結果、期せずして第九章第二節に示す検証に着眼するに至った。これをもって本研究の一応の決着をつけることができたと考え、本書を世に問うこととした。

最近の欧米でも、ようやくスミス価値論を肯定的に評価する著書・論文が出現し始めたが、これは私の予想通りだ。しかしそれらも、第九章で検証したマルクス（遺稿『剰余価値学説史』一九〇五年）の誤読によるスミス価値論批判には気付いていないため、未だ中途半端なスミス評価に止まっている。この検証が妥当するとすれば、従来のほとんどすべてのスミス研究の見直しが求められる。恩師・高島善哉先生のスミス「市民社会」論（一九四一年他）もその例に漏れない。つまり、その問題点は、「スミス資本主義論は混乱しているが、その市民社会論は卓越している」（要約）という趣旨の一面化に陥ったことだ。

これに対する本書のテーマは、スミス資本主義論が言われるような混乱には陥っていないことの論証にある。したがって、それは昨今のグローバル化資本主義にも適用しうる普遍理論を提起していたと解される。「市民社会」論では、スミス理論の折角の汎用性が狭められてしまう。こういう形で決着がつくとは予知しえなかったが、学問の前進のためには、私情は禁物である。これにより、同先生から勧められたスミス研究への多少の恩返しはできたであろうか。これは「公平な観察者」の判断を待つしかない。

それを踏まえた上でさらに問われるべきは、スミス固有の資本制的価値法則論が現今のグローバルな通貨危機や金融・財政破綻にいかに対処しうるか？という論点である。私は、現代経済学がスミス価値論を原理論として再構築されるべきだ、と考えてきたが、遺憾ながらその実現の見通しは未だ立たない。スミス価値法則論への学界の拒絶反応の払拭には、どれくらい時間がかかるのだろうか？その間、この賢慮を欠く経済運営（バブル）がもたらした莫大なツケ（不良資産・累積債務）の後始末を、後世世代が余儀なくされる。本来、自ら負担しない長期債務を後代にツケ回すことは、悪意でなくても、「怠慢（negligence）」（A・スミス『道徳感情論』Ⅱiii2）による過失に相当しよう。これぞモラルハザードの典型と言えるが、こういう長期的・人間学的視点が現代経済学には著しく欠けている。と言うより、その経済学がこういう事態を助長し、悪化させてしまったようだ。

結果論で言わせてもらえば、現代経済学は景気対策という大義名分の下に、バブル的要因を醸成する政策（現代版重商主義）を促し続けてきた。その帰結としてのバブルは、先の賢慮の欠如の然らしむるところだった。他方、道徳哲学（市民社会論）者スミスやJ・S・ミルの経済論には先の視点の裏付けがあった。こうして、後代が前車の轍を踏まぬために、この賢慮の再構築を図ることが否応なく求められていく。その稀有な賢慮を復元させるために私たちがなしうることは、少しでもその方向への学説史の見直しを図ることだ。

スミスは『修辞学・文学講義』（一七六二―六三年）第二四講で、自らの学問観を次のように語った。

「自然哲学またはその種の他の学問においても、我々はアリストテレスのように、様々な分野が我々の前にたまたま現れる順序に従ってそれらに立ち入り、各現象ごとに一つの原理—通常は新しい原理—を示すこともできるし、あるいはニュートンの仕方で、初めにある周知の又は立証された諸原理を提起し、そこから諸々の現象をすべて同一の鎖で結び付けて説明することもできる。この後者はニュートン的方法と呼んでいいが、これは疑いなく最も哲学的な方法であって、道徳または自然哲学等のあらゆる学問において、前者よりは遥かに創意に富み、それゆえに魅力がある。我々が最も説明不可能と見なしていた諸現象が、ある原理（通常は周知の原理）からすべて演繹され、すべて一つの鎖に結合されているのを見れば、我々は喜びを感ずる。」

これは、「見えざる手」が単なる自由放任論でなく、価値法則論でもあることを裏付けるもう一つの有力な論拠である。つまり、こういう学問観をもって経済学に挑んだスミスが、リカード（一八一七年）→マルクスの言うような単純な論理矛盾を自ら犯すとはとても考えられない。またそのことは、スミス『哲学論文集』（遺著、一七九五年）の肯綮《こうけい》に中《あ》たる哲学論からも十分に窺われる。私は本書でその論理一貫性を度重なる反証によって論証したつもりだ。

これまでの経済学説史研究は、内外・学派を問わず、後出しジャンケンを追認したようなきらいがある。それは、後出言論の先人理論批判を史実として尊重する余り、その批判が先人の言論を侵害しているケースに無頓着でありすぎた。ほとんどすべてのスミス価値論批判にそのことが当てはまる。その意味では、こういう学界状況に抗した市民社会論者たちのスミス価値論評価に、大きな意義があったことも認められて然るべきだ。

とはいえ、その市民社会論は独立商品生産者社会（商業社会）内にその価値論を限定し、資本主義の経済理論から外れた市民的政治・道徳論にその活路を求めてしまった。もちろん、市民社会の理念は資本主義にも適用できるし、その主張は再興しつつあるとすら言える。しかしそれだけでは、資本主義経済の切り口（理論）は、先の過剰信用や債務累積の問題性を含め、相変わらぬまま永続してしまう（現代版重商主義）。これは、『国富論』（一七七六年）の著者の本意でない。その「見えざる手」は資本投下論であり、その運動を裏付ける価値法則論だとすれば、『国富論』のこの基本命題を資本主義の経済理論として復元させる課題が不問に付されてはなるまい。本書は、市民社会論を超えて、この課題に微力ながら取組んだ成果である。

本書は、序論を除くすべてが既発表論文等から成る。その構成は、第一章から第五章までが主に理論的な部分で、第六章から第九章までが主に論争的部分である。第五章までの順序は、総論的かつ導入的な第一章から順次、その「基本命題」を裏付ける各論的諸章を配列し、第二章から第四章までは発表順である。第五章は各論的かつ論争的性格のもので、第五章以下の順序も発表順である。とくに第九章は原理論的かつ結論的な意味を内包している。補論には、本研究を側面から照射する評論等を選んだ。

本書が成るに当たっては、書評・学会・研究会等を通して適切な論点を提起して頂いた方々に多くを負っている。前述の諸論点もその一端である。その意味で、これらに関わるすべての方々、とくに、羽鳥卓也、永井義雄、和田重司、新村聡、渡辺恵一の各氏に感謝したい。また、本書への転載を快諾して下さった関係者にお礼申し上げる。最後に、今日まで私の研究を支え、勇気を与えてくれた関東学院大学のすべての関係者、および本書の編集・刊行を担って下さった関東学院大学出版会・四本陽一編集長にも謝意を表したい。

平成二二（二〇一〇）年八月

星野彰男

【各章採録文献等の初出一覧】

第一章　経済学史学会第六九回全国大会報告、二〇〇五年五月二八日、大阪産業大学
第二章　『経済系』（関東学院大学）第二一九集、二〇〇四年四月
第三章　『経済系』第二二二集、二〇〇五年一月
第四章　『経済系』第二三〇集、二〇〇七年一月
第五章　『経済系』第二一四集、二〇〇三年一月（第三回リカードウ研究会報告に加筆）
第六章　『経済学論纂』（中央大学）第四四巻第五・六合併号、二〇〇四年三月（古典研究会報告に加筆）
第七章　『経済系』第二二九集、二〇〇六年一〇月（古典研究会報告に加筆）
第八章　『経済系』第二三六集、二〇〇八年七月
第九章　経済学史学会第七三回全国大会報告、二〇〇九年五月三〇日、慶應義塾大学（一橋大学経済研究会報告に加筆）
補論一　日本イギリス哲学会編『イギリス哲学・思想事典』研究社、二〇〇七年
補論二　『経済系』第二一七集、二〇〇三年一〇月
補論三　都立小石川高校〇六E組文集『礎』復刊一～四各号、二〇〇五年五月、二〇〇七年三月、二〇〇八年一〇月、二〇一〇年五月

（採録に当たって、本文は原文のままとしたが、（注）の文献表記の一部を簡略化し、若干の追記事項を〔……〕に記した。
また、補論三の一～四に表題を付けた。）

凡例

一、引用するアダム・スミスの各著書は、下記の原典及び邦訳書とし、以下、（…）内のように略記する。

Adam Smith, *An Inquiry into the Nature and Causes of the Wealth of Nations*, 1776, *The Glasgow Editions of the Works and Correspondence of Adam Smith*, Vol. II, ed. by R. H. Campbell, A. S. Skinner & W. B. Todd, 3rd edition (1784), Oxford, 1976.（以下、*WN* とする。）水田洋監訳・杉山忠平訳『国富論』岩波文庫、（一）～（四）、二〇〇〇年、二〇〇一年。（以下、水田・杉山訳とする。）

Adam Smith, *The Theory of Moral Sentiments*, 1759 (6th ed., 1790), *The Glasgow Ed*., Oxford, 1976.（以下、***TMS*** とする。）水田洋訳『道徳感情論』岩波文庫、（上）（下）、二〇〇三年。（以下、水田訳とする。）

二、*WN* からの引用文中の（…）内は、引用者による補足、また、／は、改行を示す。

三、本文中で引用する人名の敬称は、省略する。

目次

序論――バブルと価値法則――

一九九〇年代に日本の土地バブルがはじけて、それに伴う不良債権処理に手間どって間もなく、二〇〇七年夏から米国のサブプライムローン（低所得者向け住宅融資）による住宅バブルの破綻に伴い、同様の後始末が国際問題化してきた。こういう問題が起こる度に、バブルに対して「実体経済」という言葉が多用されるが、これは元来、real（実物的）な経済ということに他ならない。real の対義語は nominal（名目的）だから、バブル現象は nominal なものということになる。この両語は中世以来の哲学用語であるが、スミス『国富論』では、その冒頭部分の商品価格論の中で用いられている。

それは要するに、商品価格とは貨幣額のことだが、「名目的」なものであり、その高低を規定する本来の価格としての「実質的（real）」なものがあるに違いないという観点である。そして後者の内実を成す唯一の要因が労働の量（時間）だとみなされた。ただし、この議論は資本蓄積・土地占有段階の「文明社会」と区別される、その段階以前の「商業社会」で通用するものである。しかしそこでのこの観点は「文明社会」にも貫徹されていると解される。すなわち、その段階区分は歴史的前後関係として表現されているが、それは論理発生的段階区分の経験的・表象的表現と解される。そうだとすると、「商業社会」の論理はより具体化されて「文明社会」にも貫徹されていると解することが可能となる。これが前著[1]で提起したスミス価値論貫徹説の骨子である。

この理解によれば、商業社会における商品の「実質的」な労働価値が「名目的」な貨幣価格に表されているのと同様のことが、文明社会にも貫徹されることになる。そこでの商品価格は資本蓄積・土地占有に立脚するが、その価格の発生根拠にまで遡及すると、すべて賃金・利潤・地代またはその一部に還元される。したがって、その価格はそれらを構成要素として成立する。その場合、利潤・地代の各発生根拠は資本と土地であるが、スミスは資本や土地それ自体が利潤・地代各々の「実質価格」を形成するという見方を採ってはいない。ただ、投下資本の大きさに比例して利潤の量が決まる、あるいは土地の肥沃度や立地条件に応じて地代の大きさが決まるというレベルの議論をしているにすぎない。その場合の利潤や地代の額は「実質的」なものでなく、「名目的」なものなのである。

では、それらの実質価格はいかなるものか？　これに答えているのがスミスの「生産的労働」論であった。つまり、その労働が原料の価値に新たな価値を付加し、その部分が賃金と利潤に分解するという観点である。地代の場合はより複雑であって、地主が土地改良に投資している部分への所得は、本来、地主が資本家として利潤を得ている性格のものだが、実際には、それが地代所得の中に含まれている。また、その改良を含む土地の肥沃度に応じて差額地代が得られるが、その部分の負担は消費者に転嫁されていく。厳密に言えば、利潤の場合も、それがすべてその個別的な生産場面の中だけで付加された価値だとは限らず、資本の大きさに比例して配分されるからには、販売価格として消費者に転嫁されている部分もあって、投下資本量に対する均等率に従って諸商品価格間で相殺されているはずである。こういう複雑諸要因を抱えながらも、文明社会における付加価値の源泉をスミスは投下労働量に一元化していた。

もう一つ別の複雑要因は諸商品の「自然価格」と「市場価格」の関係をめぐるものである。これらはいずれも、先の「名目価格」のうちの文明段階における二類型であるが、そのうちの本来あるべきものが「自然価格」であり、それに対して、市場での需要・供給関係で決まる実際の価格が「市場価格」である。しかし、ある商品の「市場価格」が恒常的にその「自然価格」を上回るとすれば、それは他の諸商品の「自然価格」にその上回った部分が転嫁され、何がしかそれに食い込むはずである。スミスのこういう見方は、「重商主義」の独占貿易に伴う独占価格論に適用されていくが、また、課税論の見方にも援用されていく基本視点の一つである。つまり、その見方は、人為的な独占価格や公債乱発に伴う重課税等による自然価格体系の歪みを批判的に分析しうる理論装置となっている。

さらに、前述の議論と区別されるもう一つの複雑なケースがありうる。それは流通貨幣の数量という問題である。それが本来あるべき数量より増えれば、「市場価格」はすべての商品について「自然価格」を上回る（インフレ）か、あるいは一部商品の価格上昇だけに集中して、他の諸商品は「自然価格」のままということも起こりうる。昨今の度重なる不動産バブルはこのケースに相当する。確かに経済用語としてのバブルの語源はスミス生誕の頃に由来し、第二編の中にも、信用貨幣の過剰流動性に起因するバブルに直面したスミスがこれを分析して見せたくだりがある。

言うまでもなく、スミスの貨幣論はその時代状況の中で金本位制に立脚していた。しかも、その下での商品の名目価格＝貨幣価格は、実質価格＝労働価格の代替として挙げられていた。その貨幣発生論においては、金銀貨幣もまた、商品価格の一環としての金・銀の各労働価値を根拠としていた。それらの延長線上において、文明社会の貨幣流通量はその社会の総商品価値流通量に自ずと一致するという貨幣の流通必要量説が唱えられていた。こうして、投下労働価値論が文明社会の経済法則として貫徹されているという理解に立ってはじめて、貨幣の流通必要量説も理解可能となる。その点が単なる貨幣数量説（ヒューム）との決定的な相違点である。(2)

ちなみに、昨今の度重なるバブル現象が貨幣（信用）の過剰流動性に起因しているのだから、スミスのこの議論が顧みられて然るべきであろう。確かに、二十世紀における金本位制から管理通貨制への転換（一九七一年の金・ドル交換停止）に基づいて現代の問題が生じているとすれば、「実体経済」のあるべき姿の一環として先の見方が見失われてはなるまい。貨幣の流通必要量説も周知の「見えざる手」（＝価値法則）の一環として位置づけられる。それは金本位制の時代であればこそ立論できたものではあるが、それが管理通貨制に転換されたからといって、その立論の根拠（＝実体経済）がまったく失われたことにはならない。

管理通貨制の下での諸々の人為的工夫、すなわち、公債発行による公共投資や過剰流動性による貨幣操作（金融工学）がその限度を超えれば、それらの実体経済への際限なき介入（現代版重商主義）に伴う財政破綻やバブル破綻は避けられない[3]。そういうツケを払わされつつ価値法則は時代を超えて貫徹されていく。「実体経済」と言われるものの中身はこのようなものではないだろうか。かつて社会主義体制は価値法則を計画経済の枠組みの中に取り込もうとしたが、それに失敗した。現代の資本主義体制は価値法則概念そのものを見失っているために、それを管理通貨制の下に取り込むべきことに無自覚である。この取り込みが自覚的に行われない限り、現今の矛盾の累積により、かつての金・ドル交換制に代わる不変的基軸通貨制度に立ち戻らざるをえなくなるであろう。

私たちは実体経済論の元祖としてのスミス経済学からこのような教訓を学ぶことができる。言うまでもなく、前述のような想定が成り立つためには、『国富論』が実物（real）視点だけでなく、価値法則視点においても一貫しているという理解が前提とされなければならない。ところが、従来の通説は、同書が価値法則視点において破綻していると解してきたため、バブル的視点（現代版重商主義）を克服すべきその価値法則視点（「見えざる手」）を十分には生かしきれなかった。それどころか、逆に「見えざる手」を自由放任＝市場万能論の教典のように見なしさえしたため、そのことが度重なるバブル現象を招く一要因ともなってしまった。その意味で、『国富論』理解をめぐる通説のネガティブな役割、つまり、同書の担いうる理論的社会貢献を妨げる役割が問い質されなければならない。金本位制か管理通貨制かを問わず、実体経済を律する経済法則としての価値法則は、あたかも万有引力の法則のように貫徹されていく。ただし、それは単なる物理的な循環法則でなく、分業↓労働生産力（才能）改良による内生的成長論をも含意している。これが『国富論』の基本命題であった。

この基本命題に対する疑問点の一つとして、「生産的労働論は、その労働を為しえない者に対する差別意識を助長するのではないか？」という、旧来の搾取論とは逆サイドからの論点が提起された。確かにこれは重たい問題だが、その基本命題を退ける決定的理由にはなりえない。なぜならば、その論点は環境問題のように、倫理的・政治的な課題として解決されるべき事柄だからである。他方で、私たちはその基本命題（価値法則）を退けてきたことに伴う深刻な混迷状態（現代版重商主義）に陥り、したがって、その基本命題を復元すべき課題に直面しているからである。すなわち、先の論点があるからと言って、その基本命題まで退けてしまうとすれば、それは「角を矯《た》めて牛を殺す」ことになりかねず、その状態を続ける猶予時間はもはや残されていないと思われるからだ。

他方、先の論点と関わる論題を、スミスは『道徳感情論』第六版（一七九〇年）増補部分で詳論していた。すなわちそこでは、第一に、行為者自身の行為の「メリット」評価の適正なあり方を解明し、彼らの過大な自己評価を「高慢（pride）」、「虚栄（vanity）」と規定して、その「自己規制」の方策を、彼らが多くの「観察者」達から見える開かれた場の中に置かれることに求めた。第二に、貧しい者、無力な者を蔑視することに伴う「腐敗」性向を防ぐためにも、前述と同様の観察者視点を強調した。第三に、統治者と学者に特に求められる「公共的精神」としての「上級の慎慮」を強調したこと等である。

これらはスミスの市民社会論や統治論の核心を成す観点だが、『国富論』の中にも暗黙裏に織り込まれていた。(4) 確かに、先の論点指摘で危惧されたように、一つの理論命題がその置かれた市民社会的成熟の度合いによって、思わしくない社会現象を呈することもありうる。だが、スミスによるその解決の処方箋は現実的かつ明快である。否むしろ、スミス経済理論の真骨頂は他の経済諸理論と違って、このような処方箋（道徳哲学）に骨太く支えられたところにあると言うべきだろう。これらについては、かつての拙著の中心主題として論究したことでもあるので、本書ではこれ以上の論究を割愛させて頂く。(5)

【注】

（1）星野彰男『アダム・スミスの経済思想——付加価値論と「見えざる手」——』関東学院大学出版会、二〇〇二年。

（2）ただし、スミスは、国家が保蔵する金のうち八〇％までは退蔵せず、輸入に当てた方がよいと主張した（WN, II ii）から、それは数量説を加味した弾力的な流通必要量説だと言える。

（3）田中正司『現代世界の危機とアダム・スミス』御茶の水書房、二〇〇九年、五—一〇頁、および第二話、参照。

（4）例えば、複雑労働の時間換算が、「市場の駆け引きや交渉によって、……大まかな等式により調整される。」（WN, p.49. 水田・杉山訳（一）、六五—六六頁）と言う場合等である。

（5）星野彰男『アダム・スミスの思想像』新評論、一九七六年、第三部第三章、星野彰男『市場社会の体系——ヒュームとスミス——』新評論、一九九四年、参照。なお、水田洋『アダム・スミス論集』ミネルヴァ書房、二〇〇九年、第二章（初出、一九六八年）、参照。

第一章　『国富論』の基本命題

第一節　『国富論』の基本命題

これまでのスミス価値論研究には二重の誤解があった。その一つはリカードやマルクスに代表されるように、スミスは、商業社会では投下労働価値論を提起したが、資本制社会ではそれを支配労働価値論に振り替えてしまったという解釈である。もう一つはリカードが述べたように、スミスは分業による富の増加を価値の増加と混同したというものである。マルクスも、労働複雑化に伴う価値増加論は剰余価値論にとっては「どうでもよいこと」であり、「余計な操作」（『資本論』一巻三編五章二節）だと述べて、リカードのこのスミス批判を黙認した。しかし、第一点についてスミスが投下労働価値論を貫徹させようとしたことは、『国富論』序論や第二編の生産的労働論に明記されている通りである。また第二点についても、スミスは同書序論や分業論において、「熟練、技倆、判断力」という労働能力（「才能」）の改良を主題としたから、それが先の混同をしているとは言えないし、スミス固有の付加価値論にとっては、「余計な操作」とも言えない。

そこで、これらの誤解がすべて払拭されたと想定した場合に、スミス価値論理解はそれで尽きるのだろうか？　そこに何の問題も残されていないのだろうか？　このように考えてみると、かつて先駆的にスミス価値論貫徹説を提起した市民社会的スミス論が想起される。もちろん、市民社会派は、先の第一点の批判には反論したが、第二点の批判を容認した。ただし、この誤解はすでに払拭されたので、第一点に関する市民社会派の議論に絞ってみよう。スミス価値論貫徹説を採る場合の最大難関は、資本制社会における付加価値論の根拠をスミスがいかに提起したのかを論証することである。これについて、内田義彦（『経済学の生誕』）は、リカード的な価値一定の枠組みの中で、分業による生産物量増加に伴う個別生産物価値の低下＝賃金財価値の低下→労働力価値の低下によって相対的剰余価値が発生・増加するという解釈を採った。それに対応して、内田は、スミス生産的労働論の第二規定の労働力価値再生産論の中に、ケネーを援用して剰余価値を読み込んだが、これは曲解である。そうすると、付加価値論としては生産的労働論の第一規定だけが残る。

したがって、先の最大難関は、商業社会の労働価値論と資本制社会の付加価値論との関係をどう解するかに絞られる。内田説では相対的剰余価値→支配労働量増加が価値増加の唯一の根拠とされたが、それだけでは付加価値論の論拠としては不十分である。両社会の最大の相違は、土地占有を別とすれば、資本蓄積の有無という点にあった。そして、資本価値はとくに道具・機械、原料、賃金財の価値に示される。これら資本価値の存在しない商業社会では、すべての商品は職業間分業の中での生産者自身の労力だけで生産できるものと想定された。ところが、資本制社会では機械、原料、賃金財等の資本価値はあらかじめ用意されている。その上で、それらの物財の生産が一層の分業・機械化によって改良されればされるほど、それら生産部門の資本と労働力が「節約され」、これにより新たな投資と雇用も創出され、そこから人材も輩出することになる。

こうして、分業により労働能力（才能）そのものが改良されるだけでなく、分業・機械の導入と改良によって新分野の雇用も創出される。他方、分業としての商業・流通業が需要を喚起することによって、一層の付加価値生産を「奨励する」。これらにより、労働能力の質的な増進を可能とさせることがそれらの労働による付加価値生産増の根拠とされ、その価値尺度は時間に換算された支配労働量であった、と解される。それら労働力への賃金配分は、資本と労働力との量的需給関係の中で自然法則的に決められていく。ただし、これらは、差し当たり労働人口一定・完全雇用という条件下で成立しうる議論である。

スミスの資本制社会における付加価値論は今日の国民所得論と同趣旨のものであり、その意味での付加価値生産増の根拠を探ることが『国富論』の最大課題であったから、付加価値の分配論はその課題に関わる限りで重視されるにすぎない。そこにリカードやマルクスとの課題の相違のあることが十分に留意されなければならない。したがって、スミスの付加価値論をミクロ的に処理しようとすると、通説のように袋小路に陥ってしまうが、スミスは、その付加価値論を『国富論』第二編の資本蓄積論以降に配したように、マクロ的な議論として提起していた。その枠組みの中で、「見えざる手」＝価値法則論が展開された。前述の新たなスミス理解は、これまでの重商主義論や経済学史の少なからぬ改変を余儀なくさせるはずだ。その論点を左記の三点に絞って見ていきたい。

第二節　価値論の用語法

スミス…商業社会…（labour is）employed　資本制社会…（labour is）bestowed upon～

リカード…資本制社会…（labour is）employed, bestowed on～

ここに示したように、スミスにとってのemployed（用いられる）は彼の付加価値論とは関係のない労働費用論であった。したがって、資本制社会でのそれは賃金費用に等しい。それに対して、リカードのemployedはbestowedとまったく同じ意味で使われている。これまでの通説はスミスのemployed用語の独自性を認めず、それをリカードの用法で理解しようとしたから、スミス価値論理解の混乱は避けられなかった。また、bestowed（投下される）の用法も両者間で微妙に異なる。つまり、スミスのそれは、労働が原料に「投下され」てその原料価値に新たな価値を「付加する（add…to）」という意味で、work uponと同義に用いられた。それに対してリカードのそれは、商品生産に「投入され」た労働量（過去労働を含む）に利潤量が「比例する」とされた。通説ではこのスミスのbestowed用語の独自性も無視され、リカード化されてきた。そのため、スミス固有の付加価値論が正確には理解されてこなかった。

スミスは商業利潤や地代の説明の中ではこのbestowed用語を一切用いていない。そうすると、この両範疇は労働による付加価値生産とは直接には関係ないということになろう。実際に、商業活動は付加価値を直接に生産するのでなく、商品需要を喚起することによって生産部門の付加価値生産を「奨励する（encourage）」役割に限られる、とスミスは明言した。地代については、誤解を招く表現も無い訳ではないが、『国富論』序論に見る限り収入＝付加価値の原因は生産的労働に一元化されている。しかも、付加価値生産に関わる用語はbestowed概念だけだから、その限りでは首尾一貫している。

商業は生産部門の付加価値生産増に「間接的に」貢献しているから、商業活動が無い場合と比べて増産された付加価値が、その増加分の範囲内で商業部門に配分されて当然だという見方になる。土地はそれ無くして農業の付加価値生産が成り立たないから、その基礎条件である。したがって、需要に支えられた土地生産物の高価格の中から、自然率利潤を上回る部分がその土地所有者にその地力に応じて地代として配分されて当然だ、という見方にもなりうる。商業と土地所有にはこのような相違はあるが、いずれも直接に付加価値生産を行う部門でないという点では共通していた。こうして、重商主義説は外国商業部門を不当に優遇したために退けられたのである。

第三節　付加価値の測定問題

スミスは商業社会の分析を資本制社会の分析の前提にしたが、リカードは商業社会の分析の必要性を認めなかった。スミスがそうしたのは価値尺度論を提起するためであった。それが支配労働価値論である。したがって、商業社会論の存在理由を否定したリカードが、支配労働価値論の存在理由をも認めなかったのは当然である。両者間でなぜこのような相違が生じたのだろうか？　そこに先の bestowed の用語法の相違と関係がありそうである。つまり、リカードのその用法には付加価値概念が存在せず、それに相当するものは投入労働量に「比例する」利潤概念で尽くされる。そうすると、それは労働概念とは区別されるから、その量を測る価値尺度が支配労働量である必要性はまったくない。金銀貨幣で十分である。ただし、それが価値変動してはならないから、リカードはそこに不変の価値尺度としての条件を求めた訳である。

ところが、スミスの bestowed の用語法では利潤の元になる付加価値概念が提起された。そこから商業利潤などへの配分も行われる。彼の付加価値論の強みの一つはこの点にある。リカードの利潤は産業利潤に限られるから、生産しない商業部門の利潤の根拠説明ができなくなってしまう。リカード派社会主義や諸社会主義説の市場論的弱点はここに起因していた。ただし、スミスのこの強みは同時に理論的な難問を抱え込むことになる。すなわち、目に見えない付加価値量をどのように認識できるのか?ということである。資本制社会の付加価値論にはこのような難問があるから、それを解くための理論装置が必要となる。それがスミス固有の支配労働価値論であり、この価値尺度論を提起するために商業社会論が必要とされたと解される。そこで、この想源を『道徳感情論』の中に探ってみよう。スミスは同書（初版以降）の道徳判断論の中で次のように言う。

「ある人のすべての能力は、それぞれ他人における類似の能力について、彼が判断するさいの尺度である。」（*TMS*, p.19. 水田訳、（上）五〇頁。）

「われわれは、われわれ自身の諸情念と行動が、もしわれわれが他の人々の境遇にあったなら、われわれにとってどう見えるに違いないかを考察することによって、これらを検討し始め、これらが彼らにとってどう見えるに違いないかを考察し始める。……これは、われわれがある程度他人の目をもって、われわれ自身の行動の適正を熟視することができる唯一の鏡である。」（*TMS*, p.112. 水田訳、二九九―三〇〇頁。）

これらは諸行為に対する道徳的判断能力や判断基準を主題とした同書の基本視点だが、このような見方が労働行為の度合いを判断する場合にも適用されたと解される。ただし、その適用は、ただちに資本制社会の付加価値生産行為に対してではなく、抽象的にモデル化された商業社会の労働に対してである。そこでの商品生産者の労働の度合いは、彼自身では正確には測定できないから、交換相手としての他の商品生産者の労働の度合いを尺度として測定せざるをえないという見方である。

欧米の主流派の研究では、その度合いを「不効用」概念で理解してきたが、スミス自身がそれに一元化させたとは言えない。欧米の諸研究が「不効用」という解釈を採るに至ったのは、スミスの「才能（talent）」論に示される労働能力向上論を無視してきたからである。そして、その発端はリカードに由来する。彼は能力向上を差し当たり無いものと仮定して議論を進めたからである。欧米の諸研究も無自覚的にそれを踏襲してきた。こうして、能力不変・労働時間一定と仮定すれば、時間換算の問題を省けるから、労働の度合いの相違は不快度＝不効用に一元化できるかもしれない。

ところが、スミス本人はリカードと違って能力不変を仮定していない。そのことは、『国富論』冒頭から、分業に必ず伴う「熟練、技倆、判断力」や「才能」の向上に再三言及していることからも明らかである。そうすると、労働の度合いの測定基準としては不快度だけではなく、才能の変化も対象となる。しかし、双方を不効用基準だけで測る訳にはいかないから、欧米主流派の解釈とは逆に、スミスは諸労働の不快度や才能をある基礎単位に還元して、その係数を時間に換算した。そして過去のつらい準備時間等が凝縮された複雑労働が、市場の中での他者評価によって実際の労働時間より桁違いに多い時間に換算される例が示された。こうして、同一労働人口の下でも、付加価値＝収入が換算労働時間に比例して継続的に増加しうる論拠が解明された。

スミスの商業社会では、実際に行われる労働とそれを行う人物の労働能力とは完全に比例している。つまり、そこでは生産要素は労働だけだから、労働そのものと労働能力の発揮とは同一時間に換算される。資本と土地占有の無い状態というのは、賃金相当の所得だけで成り立っている社会だから、そのように単純明快になる。したがって、そこでの労働能力＝才能が改良されれば、時間に換算されたその能力価値が増加することを意味し、その生産物総価値もその換算労働時間に比例して増加する。ただし、生産物量がそれ以上の比率で増加するから、個別商品価値は低下する。後のリカードがその存在理由を認めなかったこの議論を、スミスはなぜ必要としたのだろうか？

その理由はスミスなりの不変の価値尺度を求めたからである。しかし、その方法がリカードとはまったく異なる。それは前述のように両者間での付加価値概念の有無による。スミスの bestowed 概念による付加価値は目に見えない。だから論証できない。しかし論証できないものは理論に値しない。そこでスミスは、商業社会で解明された価値尺度＝支配労働量を資本制社会にも適用し、前掲のようにそれを「鏡」として投下労働による付加価値の存在を映し出そうとしたと解される。リカードはこの支配労働価値論を誤りとして退けたが、それは、両者間の方法や用語法の相違によるものであって、スミス固有の論法を認める限り、リカードのその批判は妥当性を欠くものと言わざるをえない。

第四節　重商主義批判の論拠

通説では、スミスは「見えざる手」＝自由放任説に立って重商主義の保護貿易政策等を批判したと解されてきた。リカード以来のスミス価値論放棄説に依拠する限り、それは当然の帰結である。しかし前述のように、スミスは投下労働による付加価値論を放棄していなかった。そうだとすれば、彼の重商主義批判の論拠も通説とはかなり異なったものとなろう。実際に、「見えざる手」の文脈で、スミスはそれがいかにして付加価値生産を最大化しうるかを論証している。確かに、スミスにも重商主義やＦ・リストのナショナリズムと重なる政策視点があるが、それは付加価値視点の枠組みの中での議論である。その意味で、その視点をまったく欠いた諸々のナショナリズムとは次元を異にしている。

「見えざる手」の指針の内実は利潤率であった。より高い利潤率を求める投資家の行動の自由に任せておけば、資本と労働の不足する分野（高利潤率）への投資が増え、それらの過剰な分野（低利潤率）への投資が引き上げられる。とくにそのことは回転の早い商業資本の場合に当てはまる。その点では投機活動が果たす調整的役割も評価される。これらにより利潤率が均等化し、資本配置が適正化される。その場合に国民規模（マクロ）での付加価値が最大になるとスミスは言うが、なぜそうなるのかをスミスは詳論してはいない。そのため〈神の見えざる手〉という俗説が流布してきたが、スミスはただ一点だけ利潤の大きさは付加価値の大きさに「比例する」ことをその論拠として挙げていた。少し考えれば、その論拠はこの一点に尽きていたと言える。それによれば、利潤率の大きさに従って投資すること（私的利益の追求）が付加価値生産の最大化（公共的利益の実現）をもたらすからである。

これが「見えざる手」の論理の内実であった。そこに不明な点は何もあるまい。付加価値は利潤の源泉であるが、それは見えないから、見える利潤（率）を投資の指標にする他はない。しかも、そのことをだれか他人が指示するよりも投資家本人が最も熟知しており、それは自己責任で判断・行動せざるをえない事柄だから、彼の自由に任せておけばよいという見方になる。その逆に政治家が立法や行政等によってその自由に介入することは、先の付加価値最大化の効果を多少なりとも妨げることになる。さらに、貿易差額説という謬見を根拠にしてその政策体系が追求されることになれば、それは付加価値視点から見て国民を誤導することになるというのがスミスの重商主義批判の核心であった。

スミスによれば、貿易の効果は国内分業の効果と同様である。国内で分業しない場合と分業する場合とを比較すれば、後者の方が労働生産力は飛躍的に改良される。分業は国内の物量的豊かさと収入面の豊かさの双方を実現する。

この収入増加をもたらす根拠が価値増加論であり、その尺度が支配労働価値量であった。その場合、支配労働価値量は価値増加の根拠ではありえず、分業に必ず伴う「熟練、技倆、判断力」＝才能の改良が価値増加の根拠である。それと同様の原則が国際分業としての貿易にも当てはまるから、自由貿易への政府の干渉は、その国の価値増加への阻害要因となる。スミスの重商主義批判はこの一点に集約される。その意味で、スミスの付加価値視点を的確に理解しなければ、彼の重商主義批判の核心も理解できなくなってしまう。

スミスの付加価値視点は、その課税政策論を理解する上でも欠かせない。なぜならば、その政策如何によって付加価値生産に与える影響が著しく異なってくるからである。所与の条件の中での付加価値生産の最大化を目指すスミスにとっては、課税政策は付加価値生産を妨げる度合いの最も少ないものから選択されなければならない。スミスの課税政策分析の帰結によれば、地代税と奢侈品税こそ資本蓄積（投資）→付加価値生産を妨げる度合いの最も少ない課税として推奨される。その他の課税は多少なりともそれらを妨げる傾向を有するから、できる限り低く抑えることが提唱される。

その観点は財政支出論にも適用される。ただし、文明社会＝付加価値生産社会を円滑に維持する上での諸々の危機管理経費、公共事業費、教育費等の必要性が力説されたことも周知の通りである。しかし、そこには付加価値生産の論理をできるだけ損なわない範囲内でという歯止めの議論があった。ここに他の諸派経済学との決定的な相違点がある。その意味で、スミスは政治の役割を軽視した訳ではなく、一層の富裕化による国民生活の改良を実現しうる統治を確立するための論拠・指針として、「見えざる手」＝付加価値生産の論理を解明しようとした。したがって、この論理を的確に理解せずには、スミスの政策論もまた捉えきれない。

【関連文献】

（1）『アダム・スミスの経済思想――付加価値論と「見えざる手」――』関東学院大学出版会、二〇〇二年。
（2）「支配労働価値論をめぐるスミスとリカードの相違」『経済系』第二一四集、二〇〇三年一月。
（3）「スミス価値論批判への反批判」『経済学論纂』第四四巻五・六号、二〇〇四年三月。
（4）「才能論と価値論――『国富論』の基本命題――」『経済系』第二一九集、二〇〇四年四月。
（5）「商業社会と資本制社会――『国富論』の基本命題（二）――」『経済系』第二二二集、二〇〇五年一月。

第二章　才能論と価値論

第一節　通説は何を見損なったか？

アダム・スミス『国富論』における価値（増加）論は、これまで内外を問わず、正確には理解されてこなかった。これらについては、拙著等で再三論究し、その無理解の原因究明も試みてきた(1)。本章は、その試みをさらに補強しようとするものである。その最初の原因がリカードに由来することについては、度々指摘してきたが、その延長線上にJ・S・ミルの議論があったこともまた、無視できない。ミルに至る経済理論のテーマのうち、生産・交換・分配の三分野に限定して上記三者の議論を比較してみよう。おおよそ、スミスは、生産→交換→分配、リカードは、生産・交換→分配、ミルは、生産→分配→交換、の順序で議論したと言える。

スミスとリカードの違いは、生産の中身にある。つまり、スミスは、生産的労働能力＝価値が増加するケースを常態とみなしたが、リカードは、それを当座は不変と仮定してモデル設定した。その意味で、リカードにあっては、生産と交換は一体化されており、生産場面への労働能力投入量がそのまま交換価値量を規定するという関係になっている。それに対して、ミルは、生産論をスミスの議論に戻して、労働能力を可変とみなしたが、その意味での生産論は、交換論＝価値尺度論とははるかに分断されて、分配論が間に挟まるという関係になっている。そこで、分配論を省略してみると、スミスは、労働→交換価値、リカードは、労働＝交換価値、ミルは、労働／交換価値、ということになろう。

これらのうち、リカードとミルの理解については、異論はあるまい。これまでの通説も、ほぼこのように理解してきた。そこで残る問題は、やはりスミスの場合である。リカードのスミス批判の論理に従ってきたこれまでのスミス論の通説は(2)、スミスをミルのパターンで理解してきた。つまり、生産的労働論と交換価値論は、切断されているという説である。それは確かに、ミル理解としては正当である。両論の間に分配論が挿入されているという位置付け方からみても、それは明らかである。ところが、スミスの分配論は後回しにされているから、その点だけでもミルとは大違いである。つまり、スミスの分配論は、交換価値論を前提しており、交換価値論は、生産的労働論を前提している。したがって、スミスの議論は、ミルよりはリカードに近いパターンとなっている。その意味で、ミル的でないスミス、つまりリカード的なスミスが論題とされなければならない。その枠組みの中でのスミスとリカードの違いが明らかにされなければならない。

そうすると、労働能力を可変とみなしたスミスと不変とみなしたリカードとの相違が浮かび上がってくる。これこそが、前述の理論的文脈における最重要なポイントであるはずだ。にもかかわらず、これまで、拙著を除きそのような論点は採り上げられてこなかった。そこで、さらにその論点を補足する新たな論点を、「才能」論を通して提起してみたい。その観点から、三者の対比をさらに書き替えてみよう。

スミス①独立商品生産者社会では、労働可変＝価値可変、②資本制社会では、労働可変＝付加価値可変→分配可変。リカードでは、労働不変＝価値不変→分配相殺。ミルでは、労働可変→分配可変／生産費可変。このように、労働可変＝生産力可変という動態論においてスミスとミルは共通するのに対して、リカードの生産力不変論は静態論である。また、労働＝価値という点で、スミスとリカードは共通するのに対して、ミルは、価値論を労働と切断された費用論＝需給説に転換させた。

つまり、ミルでは、労働＝価値の枠組みは消滅した。労働可変の見方という点で、スミスとミルは共通しているが、それを、スミスは価値論に収斂させたのに対して、ミルは価格論としての生産費説＝需給説に拡散させた。もちろん、スミスのその収斂のさせ方が不徹底であったために、リカードの反論やその他の誤解が生じたのだが、その不徹底を補う役割を果たしていたのが、スミス①独立商品生産者社会論であったはずだ。にもかかわらず、リカードを初めその後のスミス論は、そのような理解をはなから否定してきた。

前述の論点に関するスミス①の議論を詳細に吟味してみると、一つのキーワードとして、「才能（talent）」論が注目される。その語が再三用いられていることは、よく知られていたが、それが必ずしも労働生産力論とは結び付けられてはいなかったし、まして価値論とは無関係にしか読まれてこなかった。その根本原因としては、スミス生産力論に対する根強い固定観念が災いしていたと思われる。拙著で度々指摘してきたが、スミスは「生産力」という言葉を、ただそれだけでは使わず、もっぱら「労働の生産力」としてワンセットで用いていた。

その原語 productive powers of labour を、productive powers/of labour と読むか、productive/powers of labour と読むか、という風に区切ってみると、通説は、前者の区切り方に何の疑問も懐いてこなかった。そこから、「生産力」用語が一人歩きを始め、いつしか「労働」との関連が切り離されてしまった。そうだとすれば、それは、スミス本来の用法からの逸脱である。スミスの用法には、後者の区切り方の含意もあったことが十分に留意されなければならない。つまり、「生産的な労働諸能力」という意味である。この指摘によって、何が違ってくるのだろうか？　それは、『国富論』冒頭で、労働生産力の「改良（improvement）」と言う場合に、改良の対象に「労働能力」が含まれるか否かに関わってくる。自立化された「生産力」の改良と解すると、その意味は含まれにくい。

しかし、スミスは、明らかに「労働能力の改良」を生産力論としての分業論の一つの主題にしている。そして、その文脈の中に「才能」論が位置付けられうる。そうだとすると、その「才能」論は、生産力論の一環であったことが明らかとなるし、後で価値論と重なってくるから、「才能」論を一つの媒介項として生産力論と価値論がつながってくるのではないか？という新たな論点が浮上する。このような「才能」論の読み方も、スミスの生産力論に労働能力改良という含意のあることが受け止められていなかったために、見過ごされてきた論点である。

ちなみに、アメリカ経済学の始祖と言われるレイモンドは、リカード著の直後の一八二〇年に、スミスのような労働能力論としての生産力論を展開していた(3)。当時は、スミス生産力論があるがままに素直に受け止められていたようだ。しかし、その後、生産力論が労働能力論から切り離されたのは、リカードによる労働能力不変の下での生産力論への転換をもって始まったようだ。それを契機として、物的生産量の改良という客体的側面だけに注目する生産力論が通説となった。これに対して、レイモンドは、リカード価値論を受け入れなかったために、リカード化される以前の労働生産力の見方を共有できたものと思われる。ただし、レイモンドと違って、スミスには、その生産力論を価値論につなげる視点があったことは言うまでもない。

スミスがその労働生産力論や才能論を固有の価値論につなげる見方は、何故に可能だったのだろうか？　何を根拠にそう解することができたのだろうか？　逆に、なぜそのように理解されてこなかったのか？　このように問題を立ててみると、この最後の疑問点の一大原因がスミスのリカード化にあったことは既述のとおりだが、その他に少なくとも二つの要因が挙げられる。その第一は、リカードを初め大多数のスミス論者がスミス『道徳感情論』を素通りしてしまったこと、第二は、リカードやミルの議論による先入観に囚われて『国富論』の内在的理解に徹しきれなかったこと、である。

『道徳感情論』の見方が経済価値論の見方と重なるという点については、最初の拙著以来、度々論及してきた(4)。その要点は、人間諸感情・行為の道徳判断基準として「適正」度という共通尺度を当てたことである。とくに、行為の適正の度合は、個々の行為の「功績（merit）」によって測られる。その意味でのメリット評価が、多数の観察者→公平な観察者の同感を通して繰り返され、定着していくという見方である。これが、開かれた市場における不特定多数の取引者による商品＝労働生産物＝労働への評価と重なる見方であることは、否定し難い。

行為のメリット評価は、行為の目的によって様々である。それは、人間行為のすべてを対象とするから、その目的には、政治や文化とともに経済も含まれうる。したがって、経済的行為＝富の生産のためのメリット評価に対応するのが、「生産的労働」や「有用労働」への評価ということになるだろう。メリット評価と労働評価に共通するのは、いずれも行為の結果によって評価が定まるという点である。動機がいかに立派でも、どれほど努力しても、結果が良くなければ評価は高まらない。その点で、観察者の評価も、市場の評価も同様であり、いずれも、第三者評価という形で行われる。

ただし、政治行為や文化行為のメリット評価は、数値化しにくいが、経済行為のメリット評価は、比較的数値化しやすい。そのうち、より数値化しやすいケースが「生産的労働」であり、より数値化しにくいケースが「有用労働」

だと言えようか。ただし、有用労働は、生産的労働も含むより広義の概念だが、ここでは、生産的労働を除く狭義の用法に限る。その有用労働は、公務、法務、文化等の政治・文化諸活動によって国民の安全・秩序の維持等に貢献する類いのものだから、その有用性は高くても、数値化は難しい。それに対して、生産的労働は、富の生産への市場評価によって実際に数値化されている。そこで、スミスはその数値化の根拠と妥当性＝適正度を理論的に探ろうとした訳である。しかも、有用労働は経済外的行為も含むが、生産的労働は経済内的行為に限られる。したがって、スミスは、『国富論』の理論的な主題を生産的労働の解明に絞り込み、有用労働については、政策・財政視点による解明に限定した。

生産的労働の概念規定は、周知のように、『国富論』第二編第三章で初めて行われた。しかし、生産的労働の数値化の根拠分析を同書の主題としたとすれば、その概念は同書全編で論題とされたはずである。近年の拙著ですでにその論点を提起したが、これまでの通説では、その点があいまいであった。そのことが、スミス価値論放棄説を支える有力な根拠となっていた。それに対して、生産的労働論（＝付加価値論）が全編で論題とされたとすれば、価値論放棄説もその根拠を失う。そうすると、『国富論』が先の数値化分析をいかに論証したか、に論点が絞られる。

ところが、その数値化分析には著しい困難が付きまとう。つまり、それは、資本制社会における賃金・利潤・地代の所得分配という枠組みの中で、生産的労働による付加価値を数値化分析することに伴う困難性である。そこでスミスは、その数値化分析をより明晰に行うために、利潤・地代所得を捨象して、賃金＝労働のみによって構成される独立商品生産者社会または初期未開社会を想定した。確かに、労働を唯一の生産要素とする社会など、近代社会にはありえないから、初期未開社会が比喩として採り上げられたのだが、スミスは、未開社会をまともに論じようとした訳ではない。あくまでも、近代社会＝資本制社会の想源としての労働一元化社会をモデル構成することによって、その論理＝数値化分析をより明晰に行うことを課題としたのだろう。また、そうでなければ、そのモデルは無意味なものとなってしまう。とくに、そのことは、「才能」をめぐる議論に着目してみると、より明白となってくる。そこで、その議論の概要とその意味を考察してみよう。

第二節　分業論と才能論

『国富論』の「序文および本書の構想」で最も注目されることは、労働の「熟練・技倆・判断力」＝労働の質が、生産的労働者の割合＝労働の数と対比された上で、前者の質的改良の方が、後者の数的増大よりも「国民」の富裕化＝収入増加にとって一層大きな役割を果たすという論点である。一般に、質と数量とは同列には比較対照できないはずだが、スミスはそれに類することを行っている。このことは、すなわち、同一労働者数の質的改良によって従来のn倍の生産物量を生産したとするならば、労働の質が所与の場合と比べて、その質的改良により労働量もn倍化に相当するという想定を比較の基準にしたことを意味しよう。つまり、それは、労働者数がn倍化すれば生産物量もn倍化することに対応する想定だからである。

したがって、「労働生産力における改良」とか「熟練・技倆・判断力の実際の状態」、「熟練・技倆・判断力に関して進歩した（advanced）」などと言われる場合の「改良」・「進歩」も、ただ客体的な物的生産量の増大を意味するだけでなく、労働能力という主体的側面の質的→量的な増進をも意味していることは明らかである。(5) とくに、「状態」・「進歩した」と言う場合は、もっぱら労働能力の側の変化だけを指しているから、その推論は十分に成り立つはずだ。

このn倍の生産物＝n倍の労働を想源とするスミスの視点が、リカードによって富と価値との混同だと批判される根拠になった。しかし、1単位の労働＝a単位の生産物という等式を仮定すれば、労働者数がn倍化すると、生産物量もn倍化する。したがって、労働者数不変の下で労働の質だけがn倍高度化しても、生産物量もn倍化すると考えることは可能なはずだ。リカードは、労働生産力における労働の質の変化という条件をあらかじめ排除し（それはリカードの自由だ）、その前提の上で、スミスによる質の変化の議論を、先の混同だと批判したに等しい。しかし、それは、リカードが自己のモデルに設定した前提条件をスミスに押し付ける類いの批判であって、スミス固有のモデル設定の自由も認められて然るべきだろう。また、これまでの研究史の中で、このような指摘が拙著を除きまったく行われてこなかったことも、不可解なことだ。

「分業の結果として、同じ人数の人たちのなしうる仕事（work）の量のこのような大いなる増加」と、スミスはさりげなく言う(6)。この場合も、「同じ人数の人たち」が、分業により、そのn倍の「人数の人たちのなしうる仕事の量」に相当するn倍の「仕事量」を「なしうる」ことを示している。そして、周知のように、「仕事の量の…増加」の根拠として、「熟練・技倆・判断力」の内容説明が行われる。

これを別の視点から見れば、当初の仕事量と同じ量を、当初の労働時間と比べて1／n労働時間で済ませうるから、（n－1）／n労働時間が余り、この余剰時間を追加の仕事に当てることができることになる。同じことだが、当初の仕事量を「同じ人数」の1／n労働者数で済ませうるから、（n－1）／n労働者数が余り、その余剰人数を別の仕事に当てることもできる。スミスの言う「仕事量の増加」とは、こういう意味も含意していたと思われる。すなわち、労働の質的「進歩」・「増加」という視点を労働の量的増加に還元する見方である。その延長線上で、複雑労働の時間還元の議論が行われたと思われるが、これについては次節で言及する。

また、これを傍証する見方は、スミスの機械論にも見出せる。すなわち、「労働を容易にし、省略し、一人で多人数の仕事ができるようにする…機械」[7]と言う場合である。これについても、前述のような視点からは理解されてこなかったが、これも先の「分業の結果」と同じ内容のものだと言える。なぜなら、「一人で多人数の仕事ができる」ということは、従来の量を「多人数」の1／n人数で済ませて、残りの（n－1）／n人数を別の仕事に振り向けることができ、その分だけ「仕事量」が増えるからである。ただし、これらいずれの場合とも、完全雇用が想定されることは言うまでもない。

このような「分業の結果」の説明の中で、共通している視点は、「仕事量の増加」を「時間の節約」に還元していることである。分業の効果の第一に挙げられる「技倆の向上」は、「諸作業の…速度」が高められることだが、それは、分業化以前の労働時間に比べて時間圧縮＝密度増大を意味する。第二は、「別の仕事に移る際に失われる時間の節約」だが、これも同じことである。第三は、先の機械論である。つまり、仕事を行う労働者の仕事量は、単に量的または質的な労働者数の議論にとどまらず、労働量＝時間に換算可能だとみなされている。少し考えれば、これは、当然の帰結である。

リカードは、労働の質を不変と仮定したから、その量的変化だけで済ますことができた。したがって、労働の質的変化に伴う時間換算の問題を省くことができた。ところが、スミスは、労働の質的変化を第一主題としたから、それを量的に換算するためには、何らかの共通尺度に還元せざるをえない。それが差し当たり人数であったが、その人の仕事は、労力（toil & trouble）か時間で表わされる。しかし、その労力にも様々な度合や長短がありうるから、結局は、時間以外には不変の共通尺度はありえない、というのがスミスの観点だった。

前述の視点は、スミスの科学論にも適用されている。すなわち、「科学（philosophy）における職業分化も、他のどの仕事の場合と同様に、技倆を改良し、時間を省くことになる。……全体としてより多くの仕事がなされ、科学知（science）の量も大いに増大する。[8]」ここでも、「時間を省く」ことが指摘されたが、省かれた時間で、または余剰人数が、さらに仕事に従事できる訳だから、その分だけ仕事量が増えるという視点である。

ただし、前述の議論では、スミスの労働能力改良論を明確にするために、あえて一つの前提を置いてきた。すなわち、それは、労働の質とその生産物量との相関関係（生産物価値）を一定と仮定した場合（1単位の労働＝a単位の生産物）に限り、成り立つ議論だからである。だが、実際には、労働生産力の改良は、リカードでは、労働の質不変の下での生産物量増大により、生産物価値を低下させるとされたように、スミスの場合でも、労働の質可変の下でその向上率を超える生産量増加率により、生産物価値を低下させる。その分、リカード・モデルは一元的であり、スミス・モデルは二元的である。つまり、リカードは、スミスの二元的モデルを一元化＝抽象化した功績を認められようが、そこから改めてスミス的二元化モデルへと復元させるべき課題を残しているはずだ。

なぜならば、労働時間密度の高度化を含む労働能力の改良なくして、つまり労働能力不変のままで生産量だけを増加させることは、農業における自然条件の好転のような場合を除いて、原則としてありえないことだからである。だが、実際には、リカードは、そのありえないことをモデル化し（それは許される）、その上で、先の課題に応える代わりに、スミス・モデルそのものを誤りとして切り捨ててしまった。ちなみに、マルクスも、二元化モデル＝労働複雑化の問題は、「剰余価値」論にとっては「どうでもよいこと」であり、「余計な操作」だとみなして、リカードの枠組みを踏襲している。(9) また、これらに対応して、労働生産力改良の内容理解についてもリカードと軌を一にしている。

このように、前述のスミス理解は、生産物価値を一定と仮定した場合にのみ成り立つ論理だという制約がある。しかし、生産物価値の低下（1単位労働×n∧a単位生産物×（n＋b））を想定したとしても、その論理が破綻する訳でなく、その低下の度合に応じて、先の理解の数値が同方向ベクトル内で調整されるにすぎない。そして、それに相当する議論をスミスは別の文脈で実際に行っている。(10) ただし、スミスはその場合の根拠を明示してはいない。それはおそらく、リカードが想定したのと同様に、労働能力以外の広義の自然力、すなわち、分業＝結合労働（協業を含む）の場合は組織的自然力、機械の場合は自然力そのものの利用によって、労働能力の向上率をはるかに上回る生産増加率を可能にするという観点であろう。

したがって、先の理解から帰結されることは、労働人口の増加や生産的労働者数の割合の上昇はごく限られているから、それらよりは、生産的労働の質的改良としての労働生産力向上の方が、実質的労働時間の増加に上限は無く、また、広義の自然力を活用できるという二重の意味で、国民の富裕化＝収入増にとってははるかに有力な要因だということである。

ところが、これまでのほとんどすべてのスミス分業論解釈の通説は、そこに労働能力＝才能の向上論が含意されていることを見失っていた。すなわち、その通説は、分業が労働を単純化させるという一面のみを強調し、したがって、リカードにならって分業は価値を増加させないものとみなしていた。また、その観点から、『国富論』第五編の分業弊害論が援用されもした。しかし、スミス自身は、分業が生産物量の増大だけでなく、「熟練・技倆・判断力」の改良をもたらすことを冒頭から再三指摘していた。そして、その延長線上で「才能」論を展開していた。通説は、その意味分析をまったくなしえなかったが、その理由は、リカードがその問題の所在を承知の上で、前述のようにそれを与件として省いてしまったからである。通説は、リカードのその与件化を疑問視することなく、無批判的にそれを受け入れてしまった。

リカードと違って、スミスはそれを与件化しないで、自己の体系の基軸に組み入れた。労働生産力の動態分析を与件として省いてしまったリカード体系は、その意味で、静態的であり、そうしなかったスミス体系は、より動態的だと言える。ところが、リカードはスミスのこの動態論を評価するどころか、逆にそれは富と価値の混同だと批判した。しかし事実としては、それは何ら混同や混乱ではなく、リカードが動態論を与件として省いたことから生じたものに他ならない。

つまり、それは、価値論の中に動態論を含めたスミスとそれを含めなかったリカードとのアプローチの違いにすぎなかった。したがって、リカードのスミス批判は、静態論の立場から動態論は誤りだと言ったに等しい。だが、動態論の立場を認めるならば、スミスの議論も十分に成り立つはずだ。つまり、リカードの批判にもかかわらず、スミス体系は無傷のまま残ることになる。このことが、従来のスミス対リカード関係の理解においては見失われて、リカードのスミス批判が一方的に正当化され、通説化されきた。

スミスの分業論には、生産量の増大論と並んで、労働能力の改良論がある。それをスミスは、「熟練・技倆・判断力」の向上だと述べた。例えば、ピン製造の分業では、一つの作業に熟達することが「熟練」であり、そのことによる作業の素早さの向上が「技倆」である。素早さとは、時間の圧縮である。また、分業によって、分業化以前には仕事を次々と移し替えていた時間の無駄も省かれる。これら二重の意味で、分業は時間密度の向上だと言える。分業化以前の労働時間と同じ時間でも、分業の下での労働は密度が濃い。その密度高度化の係数分だけ、分業労働は、分業化以前の労働より実質労働時間が長いことを意味する。スミスの分業論を素直に読めば、そこにこの論理が含まれていることは明白である。

スミスは、それが分業による作業の専一（simple）化によって実現すると言っている[11]。この専一化がいわゆる単純化と誤解されたため、複雑労働の反対概念として受け止められてしまった。しかし、その専一化は労働時間密度の高度化を促すものであり、その意味で、それは単純労働とは反対概念なのである。この専一化が一見単純化と同じであるかのようにスミスも述べているが、しかし、時間概念で見る限り、それは単純労働化ではなく、むしろ、複雑労働化と同じ論理を内包している。当然ながら、この論点も、通説では捉えられなかったことである。

この意味での専一化は専門化と同じ意味であり、分業の一端を担うための一種の「才能」の開発を促進する。ただし、その「才能」が長期にわたり固定化する限り、それは人間能力の極度の一面化をも促すため、スミスによって分業の弊害とみなされ、事前の教育による全面的能力の発達の必要性が力説されたことは、周知のことである。とはいえ、そこに、一面的ながら「才能」開発の論理が秘められていたこともまた見失われてはなるまい。

この「才能」開発の論理は、独立自営の商品生産者間の分業論においてより明確に示される。商品の生産・交換の市場取引の中で、誰もが自分の比較的得意な生産業種に特化していくことは避けられない。交換を可能とする市場という条件の中では、一人ですべてを生産するよりも、ある特定の生産に特化する方がより豊かになれるからである。

誰でも、無数の生産種類の中で、得手・不得手の分野がある。そのうちの比較的得意な分野の生産に特化することは、苦手な生産を行う場合よりも、はるかに上手に効率的に生産できることを意味する。しかも、その生産に特化することによって、先のピン製造の分業の場合と同様に、「熟練・技倆」が著しく促進される。独立自営業者であれば、そこに、工夫・改良を施す機会と条件もあるから、「判断力」という「才能」も開発されうる。こうして、分業を通してその特化生産に関わる「才能」がより一層開発されるというのがスミスの基本的な見方だった。また、そこに先のような時間圧縮論が内包されていることは言うまでもない。

しかし、スミスの人間観によれば、幼少時における各人相互間の「才能」の違いは、一般に思われているほど大きなものではないと言う。実生活では、「才能」の大きな相違があることもスミスは認めるが、それは生まれつきのものでなく、その大部分は、分業による職業の相違の中での仕事の積み重ねによって後天的に身に付いたものだと言う。「資質（genius）の大いなる相違は、分業の原因であるよりむしろ結果である場合が多い。[12]」そうだとすれば、それは、先の労働時間圧縮論→実質労働時間増加論が分業の下での労働の過程の中で生ずるという見方と符合する。とくに、そのことは、高度の「判断力」を要する発明や技術開発研究のような仕事への特化の場合に当てはまる。

第三節　才能論と価値論

スミスが分業論を単なる実物視点にとどまらせないで価値視点に関わらせたのは、商品交換関係における共通尺度としての貨幣価格を無視できなかったからである。つまり、実物視点だけで交換が成り立つとすれば、「供給はそれ自らの需要を創造する」という命題で知られるセー法則の見方と同じことになってしまう。しかし、スミスは、交換力＝購買力としての需要要因を分業＝交換成立の前提条件としていた。この力（power）の大きさは、差し当たり貨幣の量で示される。しかし、貨幣で表わされた価格は名目的なものにすぎないとスミスはみなしたから、名目的ならぬ実質的な力の根源を究めることとなった。そしてその根源を労働に見出した。

確かに、金銀貨幣は労働生産物かその派生物だから、諸商品の交換手段＝価値表象手段としてのその機能を差し当たり省略してみれば、労働生産物相互の交換だけが残ることになる。スミスはそのように考えて、その交換が何を根拠に行われるかを考察した。そしてその根拠を労働量に比例するものとみなし、労働量を時間という共通尺度に還元＝換算しようとした。そういう文脈の中で、「才能」をめぐる議論が展開されたことを私たちは見失ってはなるまい。そこで、前述の視点から『国富論』第一編の文章に直接当たってみることにしよう。

「よく統治された社会では、分業の結果生ずる様々な手仕事（arts）全体の生産物の大幅な増加が、最低階層の民衆にまで広がる普遍的な富裕をつくりだす。どの職人も自分自身が必要とするところを超えて、処分しうる自分の製品を多量に持っており、また他のどの職人もまったく同じ状況にあるため、彼は彼自身の多量の品物をそれらの人々の多量の品物と、あるいは同じことになるが多量の品物の価格と、交換することができる。」（第一章）[13]

ここに、実物視点と貨幣視点とが重ね合わされている。このように文明社会の分業を捉えたスミスは、その論理をより根源的に、明確に捉えるために、また、動物と人間の相違を対照させるために、第二章では、初期未開社会での分業の例示から議論が展開される。しかしそれは、未開社会そのものの分析が目的なのではなく、文明社会の分業の論理の抽象化＝簡明化を目指して設定されたものであることは明らかである。そのことは、その論理がそのまま哲学者＝科学者の才能論の根拠にも適用され、文明状態に直結されるところに示される。それらの文脈で才能開発の根拠が解明される。

「自分自身の労働の生産物のうちで自分が消費しきれない部分をすべて、他人の労働の生産物のうちで自分が必要とする部分と、確実に交換することができるのだということが、各人を特定の職業に専念するように、そしてその特定の仕事に対して彼が持つあらゆる才能（talent）や資質を育成し完成するように、仕向ける。／……取引し、交易し、交換するという性向が無かったならば、人はみな自分の必要とするどの生活必需品も便益品も、すべて自分で手に入れたに相違ない。万人が同じ任務を遂行しなければならず、同じ仕事をし、これだけで大きな才能の相違を生むほどの仕事の差というものはありえなかっただろう。」（第二章）[14]

犬のような動物にあっては交換能力が欠けているために、それらの資質や才能が相互に活用されることはまったくないとされる。ところが、「人間の間では、最も似たところのない資質こそ互いに有用なのであって、彼らのそれぞれの才能の様々な生産物が…いわば共同財産になり、そこからだれもが他人の才能の生産物のうち自分の必要とするどの部分でも、買うことができる。」（第二章）[15]

このように、才能は科学者のような特定の職業に限定されることなく、分業に従事するすべての職業がそれぞれの面での才能を開発させ、相互に活用し合うのだと言う。その意味で、この才能論は、分業による労働能力開発のいわば代名詞だったと言えよう。このような才能開発論を踏まえて、スミスは、それら才能の価値評価論に議論を絞っていく。

「労働がすべての商品の交換価値の真の尺度であるとはいえ、それらの商品の価値が普通に評価されるのは、労働によってではない。……耐え忍ばれたつらさ、行使された創意（ingenuity）の程度の差も同様に考慮に入れられなければならない。……習得するのに一〇年の労働が必要な職業での一時間の執務の中には、ありきたりの分かりきった仕事での一か月の勤労よりも、多くの労働が含まれるかもしれない。[16]」「等しい量の労働は、いつどこでも、労働者にとっては等しい価値であるといっていいだろう。健康と体力と気力が普通の状態であり、熟練と技倆が普通の程度であれば、彼はつねに同じ分量の安楽と自由と幸福を放棄しなければならない。」（第五章[17]）

「もしある種類の労働が並はずれた程度の技倆と創意を要するものであれば、そのような才能に対して人々が寄せる評価は、当然にそうした才能の生産物に対して、それに用いられた時間に相当するよりも優れた価値を付与するだろう。そのような才能は長い精励の結果でなければめったに取得できないものであり、その生産物の優れた価値は、そうした才能を取得するのに費やされなければならない時間と労働に対する合理的な償いにすぎないことが多いだろう。」（第六章[18]）

ここには、熟練も技倆も創意（判断力）も「才能」の一環を成すものとして示されている。そうだとすれば、『国富論』冒頭の「熟練・技倆・判断力」そのものが「才能」論だったことになろう。そしてその「才能」論が価値増加論として提起されているのだから、分業に伴う「熟練・技倆・判断力」の向上もまた、価値増加視点を内包していたことが傍証されうる。しかも、この意味での才能論は、単純労働の複雑化を意味し、その度合に応じて、単位労働時間を基準にして係数化されうる。

したがって、分業による才能開発が国民単位の富＝付加価値を増加させる根本原因だったということになる。そしてこのような解明によって、重商主義の富＝金銀貨幣説とそれにもとづく貿易差額説を理論的に克服できたのである。

しかしその後、リカードがスミスの才能論に集約される価値増加論を富と価値の混同論として退けてしまったために、それ以来、スミスの重商主義批判の理論的意味も理解されないまま、単なる自由貿易政策論としてしか受け止められてこなかった。

先に見た才能論は、分業一般に伴うものではあったが、その才能開発の度合には様々な程度がありうる。その専一化の度合が極端に単調で長期化した場合に、人間の本来有する全面的能力を損なうという弊害が生じがちなことは、『国富論』第五編の教育論で指摘された通りである。しかし、スミスの才能論がとくに顕著に認められるのは、技術開発に関わる議論の中においてである。

「機械の改良の多くは、機械を造ることが特定の職業になったときに機械製作者たちの創意によってなされたし、また何事かをするのでなく万事を観察することを職業とする科学者（philosopher）または思索家と呼ばれる人たち、したがってまた、最もかけ離れていて似たところがない物の力を結合することが、しばしばできる人たちの創意によってなされたものもある。社会が進歩するにつれて科学（philosophy）や思索が、他のどの職業とも同じく、特定階層の市民たちの主要あるいは唯一の仕事となり、職業となる。また他のどの職業とも同じように、この職業も多数の様々な分野に細分され、その一つ一つが特定の集団または種類の科学者に職業を与えるし、また科学におけるこの職業分化も、他のどの仕事の場合とも同様に、技倆を改良し、時間を省くことになる。各個人は自分自身の特定部門で一層の専門家になり、全体としてより多くの仕事がなされ、それにより科学知（science）の量も大いに増大する。」（第一章）(19)

一般の製造業における分業は、一方では、仕事の細分化を通して個々の作業は専一化＝単一化され、それを機械に置き換える可能性が高まる。他方では、個々の作業の能率化＝時間圧縮により余剰時間または余剰人員が生じ、彼らの中から機械製作業とその技術者や開発者、さらにはそれらの原理を究める科学者そのものが専門的職業として存立しうるようになる。また、彼らに伴う「才能」は、一般の分業作業と比べてはるかに長期にわたる教育や濃密な研究の過程を要するから、その才能に対する市場の評価としての労働時間換算も当然大きなものとなるというのがスミスの視点だった。

したがって、一社会の中でのそのような職業の役割と機能が増大するにつれて、その社会総体としての機械化が促進され、それらの製造業を含めて付加価値も一層増加し、富裕化＝収入増加を促進するというのが『国富論』の基本命題であった[20]。そのような文脈の中で、その「才能」論は、労働生産力論と価値＝付加価値論とを媒介する要としてのキーワードの意味を内包していたと言えよう。

【注】

（1）分業論と価値（増加）論との関係については、星野彰男『市場社会の体系——ヒュームとスミス——』新評論、一九九四年、第九章四、星野『アダム・スミスの経済思想——付加価値論と「見えざる手」——』関東学院大学出版会、二〇〇二年、第四章（初出、二〇〇〇年一月）、第七章四、第八章一、参照。

（2）通説の内容とそれをめぐる主要文献については、星野「支配労働価値論をめぐるスミスとリカードの相違」、『経済系』第二一四集、二〇〇三年一月、四節、星野「スミス価値論批判への反批判」、『経済学論纂』（中央大学）第四四巻五・六号、二〇〇四年三月、二節、参照。この通説に対して異論を提起した希少な先駆例としては、竹内謙二『アダム・スミス研究』有斐閣、一九二六年、一〇八—三一頁、がある。価値論でなく労働生産力論としては、西部忠「分業の動態的メカニズム——スミス『国富論』冒頭四章の再検討——」、伊藤誠編『資本主義経済の機構と変動』御茶の水書房、二〇〇一年、参照。

(3) Daniel Raymond, *Thoughts on Political Economy*, Baltimore, 1820. 高橋和男「アメリカ国民経済学の成立——レイモンド『経済学論』における反蓄積論——」『立教経済学研究』第五七巻第二号、二〇〇三年一〇月、二〇頁、参照。

(4) 星野彰男『アダム・スミスの思想像』新評論、一九七六年、二三二—四二頁、星野『市場社会の体系』第一〇章四、参照。

(5) *WN*, pp.10–11. 水田・杉山訳(一)(第四刷)、二〇—一頁。

(6) *WN*, p.17. 前掲訳、二九頁。

(7) *WN*, p.17. 同訳、二九頁。

(8) *WN*, p.22. 同訳、三三頁。

(9) Karl Marx, *Das Kapital*, TeilI (1867), *Marx-Engels Werke*, Bd.23, Dietz Verlag, SS.211–3. 邦訳『資本論』第一巻第二分冊、新日本出版社、三三七—九頁。なお、リカードについては、星野『アダム・スミスの経済思想』六八頁、参照。

(10) *WN*, p.104. 前掲訳、一五六頁。

(11) *WN*, p.18. 同訳、二九頁。

(12) *WN*, pp.28–29. 同訳、四〇頁。

(13) *WN*, p.22. 同訳、三三—四頁。

(14) *WN*, pp.28–29. 同訳、四〇—一頁。

(15) *WN*, p.30. 同訳、四二頁。

(16) *WN*, p.48. 同訳、六五頁。

(17) *WN*, p.50. 同訳、六八頁。

(18) *WN*, p.65. 同訳、九一—二頁。

(19) *WN*, pp.21–22. 同訳、三三頁。

(20) 田島慶吾『アダム・スミスの制度主義経済学』ミネルヴァ書房、二〇〇三年は、新たな論点を提起した労作だが、『国富論』の基本命題としては、第二編の資本投下順序論の制度的枠組みを強調する余り、第一編の分業論等の理論的貢献を過小評価している。

第三章　商業社会と資本制社会

第一節　『国富論』の最大難関

アダム・スミス『国富論』冒頭部分の独立商品生産者社会（以下、商業社会という。）と、資本蓄積・土地占有に立脚する文明社会（以下、資本制社会という。）との関係をめぐるこれまでの理解には、リカード以来の強固な定説がある。すなわち、それは、スミスが商業社会においては労働価値論を展開したが、資本制社会においてはそれを放棄したという説である。(1)

確かに『国富論』では、資本蓄積・土地占有が成立する以前の商業社会においては、生産要素は労働だけだから、労働生産物の交換は、その生産のために用いられた労働量のみに依拠して行われるとされた。そこでは、商品Ａの価値（それに用いられた労働量）は、それと交換される（それが支配する）商品Ｂに用いられた労働量の大きさによって表示されるという主旨の議論が展開された。つまり、Ａの投入労働量はＡのＢに対する支配労働量によって表示され、そこでの投入労働量と支配労働量とはつねに一致するという観点である。これが商業社会で成立する労働価値論であった。(2)

ところがスミスは、資本制社会においては、資本と土地占有があるために、労働生産物の中から利潤と地代が控除されなければならないと言う。したがって、その生産物価格の中には労働賃金の他に利潤・地代が含まれる。そこでは商業社会と違って、商品の生産のために用いられた労働量だけでは、その商品価格は決められず、その生産への投入労働量はその商品価格が支配する労働量とは一致しない。つまり、その場合の支配労働量には、その商品価格の賃金部分の他に利潤・地代部分の支配労働量も含まれるからだ。したがって、そこでは、投入労働量だけではその商品価格を決定できず、その価格の大きさは支配労働量だけで測られる。これが、資本制社会においても支配労働価値論が成立しうる論拠だとされた(3)。

確かに、『国富論』はそのように論じている。ここから、スミスは投下労働価値論つまり労働価値論そのものを資本制社会では放棄したという先の定説がまかり通ってきた。しかし私見によれば、そこに含まれる誤解についてはこれまで度々論究してきた通りである(4)。その要旨は、通説がリカードにならって、「用いられる(employed)」労働と「投下される(bestowed)」労働の二語を同一視した点にあった。しかし、スミスはこの二語を明確に区別していた。

リカードはその二語を前者の意味で一義的に使用したが、スミスは、前者を生産場面であらかじめ雇用され、投入されるという意味で使用し、後者を原料価値に新たな価値を付加するという意味で、生産過程の中で機能するものとして使用した。したがって、後者の使用法がスミス本来の投下労働価値論であるはずだが、通説はこれを無視して、リカードと同じ前者の使用法だけでスミス価値論を理解した。つまり、スミスのリカード化である。そして通説は、スミスがその意味での投入労働価値論を価値決定論としては放棄したと言うのだが、他方では、価値尺度としての支配労働価値論を放棄していないことは認めざるをえない。それは、事実がその通りであって否定の仕様がないからである。

そこで、例えばシュンペーターは、スミスが支配労働を価値尺度としたことに対しても疑問を表明することになる。彼によれば、なぜ労働量を価値尺度とするのか？その必然性が認められない。また、それを尺度に選んだからといって、それは労働価値論とは何の関係もない。そのことは、牡牛を価値尺度に選んだからといって牡牛価値論になる訳でないのと同じことだ。シュンペーターはこのように論じて、スミス支配労働価値論の存在理由を問うている(5)。

しかしそれは、私見によれば、スミス批判というよりは通説のスミス理解の矛盾点を指摘したものと言うべきだろう。なぜなら、スミス自身は投下労働価値論を放棄した訳ではなく、したがって、その価値量の存在根拠を論証するための理論装置として支配労働価値論を提起したと解されるからだ。少なくとも商業社会ではそうであった。ところが、リカード以来の通説のように、スミスが資本制社会では投下労働価値論を放棄したと理解すると、前述の意味での支配労働価値論の必然的存在理由が無くなってしまうはずだ。しかし、その存在の事実は否定の仕様がない。そうすると、そこでは存在の必然性の乏しいものが存在する訳だから、それは謎めいた不可解なものになってしまう。

シュンペーターは決して通説を批判しようとした訳ではなく、通説の視点をより徹底させようとして、スミス理論のとくに労働価値論にまつわる議論の残滓を払拭しようとしたのである。しかし、それは通説のスミス誤解を上塗りする類いのスミス批判であるから、私見ではそれを認める訳にはいかない。ただ、その批判によって通説のスミス誤解の矛盾点が明るみに出されたという意味で、スミス価値論理解に資する反面教師の役割を果たしてくれたと言えよう。

『国富論』を理解する上での最大難関は、そこにおける商業社会と資本制社会との関係をめぐる問題だと言われてきた(6)。確かに、それをめぐってリカードを初めとする無数の議論が行われてきたが、その論者たちがそれについての明快な説明をなしえなかったために、それはスミス自身の混乱に起因するものとみなされてきた。しかし前述のように、その混乱の発端はリカードの用語法にあった。リカードは自らの価値論展開の中で、スミスの bestowed（投下される）概念を employed（用いられる）概念に振り替え、その上でそれを比例価値論の枠組みに転換させてしまった。すなわち、商品価値は生産場面への投入労働量に「比例する」ものとされたからである。

そして、それ以来ほとんどすべてのスミス研究者が、リカードによって振り替えられた bestowed 概念でもってスミスのその概念を理解してしまった。つまり、スミスの employed 概念の中に bestowed 概念を読み込んでしまった。ところが、スミスはリカードのような比例価値論の見方を採っていなかったから、スミスの employed 概念は単に「用いられた」労働を指すにすぎない。したがって、それは賃金価値に対応するだけであって、利潤等の付加価値部分とは無関係である。そこから、前述のスミス投下労働価値論放棄説が生じてしまった。

しかし、スミス本来の bestowed 概念は employed 概念とはまったく異なるものだ。しかも、その bestowed 概念は商業社会の価値論の中ではまったく使用されず、資本制社会の付加価値論の中でだけ使用された。そして、商業社会の価値論としては employed 概念だけが使用された。ところが、リカード理論には商業社会論が存在しないから、先の二語は資本制社会の比例価値論としてだけ使用された。そして、これが古典派労働価値論の典型とみなされてきたため、同じ古典派として位置付けられたスミス理論にも、リカードのその用語法が適用されてしまった訳である。

これは、リカード理解や古典派という枠組みを優先して、スミスの価値論をその外側から理解し、特徴付けようとするコンテキスト解釈による齟齬の一例である。その結果として、本来のテキスト解釈からそれて、スミス価値論の個性・独自性が抹消され、歪曲されてしまった。しかも、これまでの長年にわたるスミス研究史の中で、このような指摘がほとんどまったくなされてこなかったため、先の放棄説が定着してしまった。[7] これについても詳論したことがあるので、[8] これ以上の論究は省くことにして、この理解を踏まえた上で、スミス本来の理論展開になお問題点は無いのかをさらに検証してみよう。

第二節　鏡としての支配労働価値論

前述のようなコンテキストに囚われずに、テキストに即して『国富論』を見てみよう。まず、商業社会については、そこではあらかじめ労働だけが生産要素とされた訳だから、労働が富＝価値形成の唯一の原因だとする労働価値論が唱えられたのは当然のことだ。それは言わば同義反復に類することであって、とくに注目されるほどのことではあるまい。問題はむしろ、スミスがなぜそれを資本制社会分析の前にあえて論じたのか？である。その一つの答えは、商業社会で解明した価値尺度としての支配労働価値論を資本制社会にも適用するためだということである。確かに、『国富論』の本題は資本制社会の分析にあるのだから、その分析用具の一つとしての支配労働価値論を提起するために商業社会分析を必要とした、と答えて済ますことはできよう。

しかし、そこでの支配労働価値論は、A商品の投入労働量をB商品のそれによって表示し、映し出すための鏡の役割を果たすべきものとして提起されていた。つまり、A商品の生産者の投入労働量は、A自身では客観的に表示＝測定できないために、他者としてのB商品の生産者の投入労働量（労働能力）への交換量（支配量）によって客観的に測定できるという観点である。その意味で、支配労働概念はそれと同じ投入労働量を測る手段として、その立論の必然性があった訳である。

ちなみに、スミス『道徳感情論』における同感原理も、違った感情相互間では成立せず、同じ感情相互間の場合に限り、主観的な当事者の感情（振舞い）の適正度を観察者の同じ感情（振舞い）で客観的に測る尺度＝鏡として成立しうる概念であった(9)。それと同様に、人間労働一般という意味での同じ労働相互間において、主観的な当事者労働（不効用など）の度合いを客観的に測る尺度＝鏡として、支配労働価値論が提起されたということは否定できないだろう。その理論がそういう性格のものだとすれば、その原則は資本制社会にも貫徹されるはずだ。ところが、そこではその原則に該当するのは賃金部分だけであって、利潤・地代部分については当てはまらないように見える。

しかし、それは逆に類推すると、スミス自身が利潤・地代の源泉を労働に求めていたからこそ、支配労働価値論の原則が資本制社会にも貫徹されると考えたのではないか？と想定することも可能なはずだ。実際に、スミスはその主旨の議論を随所で行っていた。そして、そのような観点の一環として bestowed 概念による付加価値論が展開されていた。それは、労働が原料に「投下される」ことによって原料の価値に新たな価値を付加し、その付加価値部分が賃金と利潤に分解するという観点である(10)。スミスの資本蓄積→労働雇用論の文脈で展開された生産的労働論の意味は、この一点に尽きている。つまり、スミスの付加価値形成論にはそれ以外の理論的根拠は存在しない。

例えば、商業・運送労働も一国の付加価値形成に寄与するのだが、それはあくまでも、それらの労働を通してその経費負担を補って余りある付加価値生産を奨励する限りで、間接的に寄与するだけだとスミスは明言する。つまり、商業・運送労働が実際に付加価値を生産する訳ではないと言う。また、スミスは「土地と労働の生産物」と言うが、付加価値形成に土地要因を含めることは、少なくとも生産的労働の付加価値生産機能と同じ抽象化レベルではしていない。ただし、地代の論拠としてそれに類する議論をしており、これもスミス労働価値論の破綻の証拠とされてきた。確かに、そこに一部混濁も認められるが、後述のように、それは『国富論』序論の立言とは相容れないものである。

スミスによれば、商業・運送労働は付加価値を生産しないが、その部門に商業資本が投下されるから、その資本に利潤が配分され、その労働者に賃金が配分される。しかも、商業部門が存立できるのは、その活動により消費者の需要を喚起することによって、その部門の経費を補って余りある付加価値生産を奨励する限りのことであった。そうすると、商業部門の経費（所得配分）は生産部門で形成された付加価値から派生する他はない。つまり、付加価値の再配分である。この商業部門への再配分がサービス部門のような不生産的部門への再配分と決定的に異なるのは、前述の意味で、商業部門が一国の付加価値形成に間接的に寄与するからである。

商業等の物的流通業は、何か快適なサービスを提供するために活動している訳ではなく、消費者の需要を満たすべき物流サービスを通して、生産部門の付加価値生産を奨励するために活動しているだけだ。したがって、流通業がその奨励効果を超えて過剰になると、その経費負担の配分枠をめぐる過当競争に陥って、流通部門の資本利潤率や労働分配率が自然率以下に低下してしまう。こうして、自ずとそこから資本と労働が引き上げられることによってそれら本来の自然率に戻っていき、その率のレベルでの投資量がその部門の適正規模、つまり本来の競争水準ということになる。

これらのことは、政治家や学者が正確には計算できることでなく、市場の自由競争の中で自ずと実現されることだと言う。スミスはこのプロセスをも含めて「見えざる手」の議論を展開していた。スミスの重商主義批判が貿易という商業部門への保護奨励政策の批判を主題としていたことを想起すれば、その「見えざる手」の意味も自ずと明らかになろう。[11]

そのような商業部門の理解は地代論の理解にも役立つことになる。スミスによれば、地代（差額地代）それ自体はその土地での生産的労働による付加価値生産の成果ではなく、農業等において他より優位にある土地（自然の力）を地主が独占所有していることだけから派生する特別所得にすぎない。しかし、すべての所得源泉が生産的労働による付加価値生産だけから生ずるとすれば、地代所得も、商業部門の所得のように、生産された付加価値の一部が再配分されたものだと解されうるからだ。[12]

スミスのそのような観点は、『国富論』冒頭の「序論および本書の構想」にも明記されている。すなわち、「すべての国民の年々の労働は、その国民が消費するすべての生活必需品・便益品を本来その国民に供給する元本である……。／……この生産物またはこの生産物で購入されるものと、それを消費するはずの人々の数との割合は、どの国民にあっても、二つの異なる事情によって、すなわち、第一には、その国民の労働が一般に適用される際の熟練、技倆および判断力によって、第二には、有用な労働に用いられる人々の数とそうでない人々の数との割合によって規制されずにはいない。ある特定国民の土壌や気候や国土の広さがどうであろうとも、その国民が受ける年々の供給が豊かであるか乏しいかは、そうした特定の状況の中での、それら二つの事情によらざるをえない。[13]」

これは冒頭三パラグラフからの引用だが、ここにスミスの基本的な観点が集約されている。ここでとくに注目されるのは、「ある特定国民の土壌や気候や国土の広さがどうであろうとも、……そうした特定の状況の中での……二つの事情」という部分である。つまり、自然条件が恵まれているか否かは、「特定の状況」という意味で所与のものであり、人間の限られた能力では如何ともし難いものだ。

したがって、その「状況」に置かれた国でさらにその国民が豊かになれるか否かは、その「状況」の中での労働のあり方（「二つの事情」）次第だということになる。その自然条件は、元来、その国民に与えられたものだから、それはその国民のこれからの一層の富裕化にとっては直接関係ないものとして、つまり与件として省かれている。その上で、その国民の労働のあり方だけが一層の富裕化の唯一の原因だとみなされている。

スミスがここで提起した観点は、当然ながら、『国富論』全体を通した観点でもあるはずだ。スミスが付加価値形成の原因を生産的労働に一元化したと解されるのは、このような理由に基づく。したがって、地代所得部分も、土地という自然条件がその付加価値を形成するものとスミスが捉えた訳ではなく、より優位の土地（自然力）の所有がより多くの地代配分を受け取るという形で、商業部門の場合のように、生産部門の労働によって形成された付加価値が再配分されるものと、スミスは捉えたと解される。

ちなみに、先の「二つの事情」のうちの「第二の事情」は、「有用労働…の割合」に限定されている。このことは、スミスが人口増→労働者増という条件を省いて、つまり、一国の人口を所与のものと仮定して、その条件のもとで一国の富裕化の「二つの事情」を探ろうとしたことを意味する。その点では、自然条件を所与のものとしたことと同様の方法に立脚していると言えよう。

その上で、スミスは一国の富裕化の原因を、第一に、生産的労働能力の改良、第二に、生産的労働者数の割合、といずれも生産的労働に関わる二つの論点だけに絞ったのである。その意味で、スミスが付加価値形成の原因を生産的労働に一元化したという先の指摘を確認できる。また、その付加価値形成量を測る尺度＝鏡としての支配労働価値論の存在理由とその必然性も、リカード→シュンペーターの疑問にかかわらず、了解可能となるはずだ。

第三節　商業社会と資本制社会

『国富論』では、前述のように労働概念が、商業社会においてはemployed概念に一元化されたが、資本制社会においてはemployed概念とbestowed概念とに二分された。その理由は、bestowed概念には、労働が原料に「投下され」て原料の価値に新たな価値を付加するという意味で、原料という資本価値が前提されたからである。また、労働も雇主＝資本家に雇用される（employed）が、その労働が原料に「働きかける（work upon）」ことと同じ意味でbestowed概念が使用された。

ところが、商業社会は資本蓄積以前の状態だから、そこでの労働は資本家に雇用される訳でなく、独立自営である他はない。その自営業者は原料を加工すると思われがちだが、そうすると、自然対象を除く原料は資本価値であるから、資本蓄積が存在することになって矛盾してしまう。したがって、そこではいかに空想的であっても、資本価値としての原料や道具は存在しない。リカードはその点を批判したが[14]、ともかくそこでは資本蓄積が省かれたのだから、生産要素としては人間労働しか存在しない。そして、スミスはそういう始原的状態での交換の論理を解明するために、初期未開社会での狩猟の例を採り上げたのであった[15]。

商業社会では原料価値（資本）が存在しないとすると、先のbestowed概念は適用できない。にもかかわらず、そこで労働が行われる以上、それを表す概念が必要とされる。それがemployed概念であった。そこでは生産要素は労働だけだから、支配労働量を介して、すべての商品価値は各々「用いられた」労働量に等しいことが論証される。その原理は同義反復的で単純明快である。しかし、これがそのように単純であればこそ、多種多様な労働の時間換算の問題や労働複雑化（才能開発）の論理をも解明可能とさせるだろう。

つまり、基礎的原理を極限まで分離し、抽象化させることによって、初めて複雑な論理の絡み合いを効率よく整序することも可能になるという訳だ。その論法に、分業化効率論と同じ論理が適用されたと言えよう。したがって、ここに、リカードがしたように道具という資本価値を含めてしまうと、論理が二元化し複合化するために、労働の時間換算や才能開発の論理究明が不可能になってしまう。その意味で、リカードの試みは一概に成功したとは言えず、むしろ理論上の最重要問題を見失わせる結果をもたらした。

商業社会のこのような単一労働概念とは違って、資本制社会の労働概念は二重の意味で使用された。そのうちのemployed概念は、資本家に雇用された労働が生産場面で「用いられる」という意味になる。そして、その労働がどれだけの付加価値を生産するのかという問題は不問に付されたまま、雇用労働に対応する価値は賃金価値だけとなり、その他の付加価値（利潤・地代）は別枠のままに置かれてしまう。その別枠部分を測る尺度として、商業社会で提起された支配労働価値論が適用される。スミスのリカード化（通説）はここまでの理解で止まってしまう他はない。

しかし、実際のスミスはこの論理に止まることなく、それとは別個のbestowed概念を展開していた。その概念によって生産的労働の付加価値生産機能を明確に捉えていた。そして、その付加価値は賃金と利潤に分解するとされた。そこに地代が含まれていないではないか？という疑問もあろうが、その理由は、前述のように、地代を商業利潤と同じく付加価値↓利潤からの再配分として捉えたためだろう。

資本制社会における付加価値形成の原理論的意味は、この一点に尽きていた。そうすると、このbestowed概念が成立しえない商業社会論の存在理由は何であったのか？という先の問題に立ち返ることになる。資本制社会における bestowed 概念によって付加価値形成の原因究明が可能になるとすれば、その内容を込めた資本制社会の分析だけで十分ではないか？という疑問が当然おこりうる。実際にリカードは、bestowed 概念を付加価値論から比例価値論に振り替えた上で、そのようにスミスを批判したが、スミスの商業社会論は厳然として存在している。

この商業社会論をめぐって、かつて少なくとも二つの解釈が提起された。その一つは、前述のように、スミス固有の bestowed 概念を無視した上で、支配労働価値論を両社会に共通する価値尺度論と解して、その点での商業社会分析の存在理由を認める立場である。もう一つは、商業社会の労働価値論を資本制社会にも延長させて、両社会の一体性を強調する立場である。前者はマルクスを初めとする大多数の通説的見方、つまり投下労働価値論放棄説である。後者は日本に固有の市民社会論的スミス理解である。だが、後者では bestowed 概念の有無に伴う両社会の区別が明確でなく、したがって、商業社会の抽象的モデル化の意味が十分には捉えられないまま、それが無媒介に歴史的市民社会の原型とみなされたきらいがある(16)。

商業社会と資本制社会とは、スミス固有の bestowed 概念の有無という点で決定的に異なる。つまり、商業社会には資本価値に伴う付加価値論が存在しない。そこには employed 概念による労働費用論があるだけで、それがそこに固有の労働価値論であった。したがって、商業社会の労働費価値論と資本制社会の付加価値論とは似て非なるものだ。例えて言えば、前者は、労働能力の再生産費を論ずる生産的労働論の第二規定と論理的に重なるとすれば、後者は、付加価値生産を論ずるその第一規定そのものだ。その意味での第二規定は第一規定に包摂される関係にあるのだから、商業社会と資本制社会の関係もこれに準ずるとみなして差し支えあるまい。ところが、市民社会論の通説はこの第二規定の解釈に剰余価値を含めたため、第一規定（bestowed 概念）による商業社会と資本制社会との区別をあいまいにしてしまった[17]。

しかし、商業社会には付加価値↓剰余価値は存在しない。ただ、労働能力の再生産が繰り返されるだけである。それは、そのモデルがあらかじめ資本価値を無いものと仮定して構成されたのだから、当然のことだ。もしそこに付加価値が形成され、資本蓄積されたとき、独立自営業者の社会であっても、その社会は資本制社会に変わってしまい、商業社会でなくなる。それが歴史概念であれば、過度的な中間形態（市民社会）もありうるが、事実として、商業社会はそういう枠組みになっていない。その意味で、それは歴史概念そのものではなく、理論的に抽象化されたモデルに他ならない[18]。

そうだとすれば、商業社会の存在理由とその必然性はどこに求められるのだろうか？その一つの理由が価値尺度論としての支配労働価値論を提起するためであった。そのことはマルクス以来の通説の言う通りである。しかし、その説に対してはリカード↓シュンペーターの疑問が提起されていた。この疑問に対して、その後の通説は、スミスが時空を超えた労働不効用という価値尺度の不変性をその根拠にしたためだと答えるのだが[19]、その解答だけでは、スミス理解として未だ不十分だと言わざるをえない。これに対しては、もっと根本的な理由がなければならないはずだ。

まず、『国富論』序論で示されたように、生産的労働が富＝価値形成の唯一の原因だとすれば、資本制社会での付加価値形成をより純粋に解明するためには、差し当たりその付加価値形成には直接関係ない諸要素（資本・土地占有）を省いて、労働だけに焦点を絞った方がより明晰に解明できるはずだ。労働だけから成る商業社会モデルは、その要請に応えるために構成されたものと解される。

しかも、そこで機能するのは生産的労働だけだから、『国富論』序論で提起された富裕化の「二つの事情」のうち、生産的労働の数の割合という「第二の事情」は解消されている。そうすると、労働能力の改良という「第一の事情」だけが残される。したがって、この「事情」をより純粋に解明するために商業社会論があらかじめ提起された、ということが想定されうる。そして、実際に、分業に伴う「才能」開発論＝労働能力改良論がそこでの最重要主題とされたと解される。[20]

そこで残される問題は、分業による「才能」開発論と資本制社会論との関係である。まず、商業社会の分業は、独立商品生産者相互の職業間分業だけだったが、資本制社会の分業には、資本制企業間分業と企業内分業の二種類がある。企業間分業は商業社会の職業間分業と共通するものだが、企業内分業は商業社会に無い独自のものである。そして、才能開発の促進効果は前者より後者の場合の方が桁違いに大きい。

しかし、分業の論理としては前者も後者も共通しており、しかも、論理発生的な意味で前者が先行しなければ後者も成立しえない。すなわち、資本制社会の分業は、商業社会レベルにおける農工分業を初めとする職業間分業を踏まえて初めて可能になる。そのことは、分業社会としての商業社会の論理的先行の必然性を意味する。したがって、商業社会の論理が資本制社会の論理を生み出す母体の役割を担うことになる。先の市民社会論の理論的可能性は、この点にこそ認められるべきだろう。

ちなみに、先の二つの分業における才能開発促進効果の対比は、スミスによる農業と製造業の対比と多分に重なる。農業は商業社会の多くの構成員が従事せざるをえない職種だが、そこでの分業は自然条件によって大きく制約されるから、分業に伴うべき知識→才能開発もある一定の範囲内に限られてしまう。独立自営の製造業の場合もこれに準ずる。ところが、資本制的製造業の企業内分業においては、農業や自営業とは比較にならぬ業種の細分化→多様化に応じて、知識・科学も専門化→多様化し、それに伴う才能や技術が飛躍的に開発されうる。[21]

スミスは、工場内分業に深刻な弊害が伴うことを直視したとはいえ、同時に、そこでの才能開発の必然性を、「熟練、技倆、判断力」の改良として冒頭から再三強調していた。そして、その母体となるのが商業社会の分業における才能開発の論理だった。その点にこそ、商業社会分析を先行させた最大の論拠が認められるべきだろう。ところが、マルクスを含む通説も市民社会説も、才能開発論を主題からはずし与件化したリカードの枠組みを踏襲してきたために、この論点を黙殺するか理解不能に陥ってしまった。その意味で、市民社会説の再検討は避けられない。

職業間分業としての商業社会では、用いられた自己労働（能力）の価値が支配労働量を媒介した上で、そのまま商品価値を意味した。ところが、資本制社会では、自己労働（能力）は雇用された労働になり、資本価値としての原料を対象に労働が投下され、その対象に新たな価値を付加して、それが賃金と利潤に分解するが、その分配比率は、市場における労働と資本の量的関係の中で自然法則的に決められていく。しかしスミスによれば、発展的社会である限り、それは決して矛盾する関係にはならない。つまり、そこでは資本蓄積が進むにつれて、労働能力改良→才能開発により一人当たり付加価値生産量→賃金が増加（収穫逓増）するだけでなく、長期的には労働分配率上昇（利潤率低下）の傾向を必然的にたどるものとして捉えられた。したがって、その傾向は「衡平（equity）」の原則に合致しうるものとみなされた。[22]

このように、付加価値もすべて労働能力→才能の働きだけによって形成されるのであれば、それを客観的に測る尺度も、同感原理のように他者の同じ能力による他はない。それは、測定すべき対象（主体）の大きさを映し出す鏡の役割を果たすのだから、シュンペーターの牡牛のようにその対象（主体）と別のものを尺度とするのでは、鏡にはならない。したがって、価値尺度は支配労働量（またはそれと等しい穀物・貨幣）でなければならない。これがスミスの一貫した論理だったと解される。ただし、ここで鏡と言う場合は、総価値＝総価格としてのマクロ・レベルの議論に限られる。

そして、スミスが価値尺度の単位を時間概念に収斂させたことは、一見、散発的言及にしか見えないため黙殺されてきたが、その観点は、『国富論』冒頭六章を通して通奏低音のように貫徹されている[23]。しかも、その収斂は、労働だけから成る商業社会での交換分析によって初めて純粋に解明できる類いのものだった。したがって、資本制社会における支配労働価値論の意味は、そこでの見えない付加価値量を、自然率による所得分配量が支配する労働総量によって表示し、映し出す鏡としての機能を果たすことにあったと解される。そして、支配の対象は労働（能力）だから、これも究極的な不変の価値尺度としては、時間に換算される。

このように、一国の付加価値量は支配労働（能力）の時間量によって測定されるから、付加価値の性質と原因とは何か？という謎が解明されることになる。こうして、支配労働量を価値尺度とすることによって、その鏡に反映されるべき投下労働価値量の存在根拠が論証可能となる。その意味では、商業社会の単純な原理がより複雑に変容された資本制社会にも貫徹され、また、その複雑な論理を解明すべき基礎的原理として、商業社会の論理があらかじめ提起されることを要した、ということが了解可能となる[24]。

ただし、両社会において付加価値形成の有無が生ずるのはなぜかに、スミスは明確には答えていない。そのため、このことが価値論放棄説の根拠とされてきた。しかし、資本投下→機械化等が余剰労働量とそれらの能力の全般的高度化をもたらすことによって、社会全体（マクロ）の実質労働時間＝付加価値の継続的な増加をもたらすという見方をスミスが採っていたことは確かだと言える[25]。また、この点に、価値不変の枠組みに立脚したリカード理論との決定的な相違があった。

【注】

（1）David Ricardo, *On the Principles of Political Economy, and Taxation* (1817), *The Works and Correspondence of David Ricardo*, Cambridge, 1951, Vol.1, pp.13–15. 羽鳥卓也・吉沢芳樹訳『経済学および課税の原理』岩波文庫、上、二〇―二頁。

（2）*WN*, pp.47–48. 水田・杉山訳（一）、六三―四頁。

（3）*WN*, p.67. 同訳、九四―五頁。

（4）星野彰男『アダム・スミスの経済思想』関東学院大学出版会、二〇〇二年、第二・三章。

（5）Joseph A. Schumpeter, *History of Economic Analysis*,1954, pp.310–11. 東畑精一訳『経済分析の歴史』岩波書店、第二巻、六五一―二頁。

（6）高島善哉『経済社会学の根本問題』日本評論社、一九四一年、二三三―四頁。

（7）中川栄治『「アダム・スミスの価値尺度論」に関する海外における諸研究』広島経済大学地域経済研究所（上・下）、一九九五年。本双書で採り上げられた一九世紀末から一九七〇年代末までの欧米における七〇本の文献の大部分が、この枠組みを無批判的に踏襲している。なお、このコンテキスト解釈がマルクスの影響によるものであったことは否定できない。

（8）　星野、前掲書、第一章、星野「支配労働価値論をめぐるスミスとリカードの相違」、『経済系』第二一四集、二〇〇三年一月、五六―六一頁〔本書、第五章第四節〕。先の齟齬を克服した先駆例として、小林昇『国富論体系の成立』未来社、一九七三年、一〇五―六頁、がある。

(9)「ある人のすべての能力は、それぞれ他人における類似の能力について、彼が判断するさいの尺度である。」(*TMS*, p.19. 水田訳（上）、五〇頁。)「われわれは、われわれ自身の諸情念と行動が、もしわれわれが他の人々の境遇にあったなら、われわれにとってどう見えるに違いないかを考察することによって、これらを検討し始め、これらが彼らにとってどう見えるに違いないかを、考察し始める。……これは、われわれが、ある程度他人の目をもって、われわれ自身の行動の適正を熟視することができる、唯一の鏡である。」(*TMS*, p.112. 水田訳（上）、五〇、二九九―三〇〇頁。）この「鏡」論とマルクス価値形態論における「価値鏡」論との類似性に着目した先例として、住谷一彦「スミスとヴェーバー」、『季刊社会思想』三―一、一九七三年、一一五―六頁、参照。

(10) *WN*, p.330. 前掲訳（二）、一〇九―一一〇頁。

(11) 星野、前掲書、第五・六章。

(12) 星野、前掲書、第九章二。小林、前掲書、七九―八〇、一〇三―四頁、参照。なお、稲村勲『『国富論』体系再考』御茶の水書房、二〇〇三年、一〇六頁の理解では、『国富論』序論の立言と整合しなくなる。

(13) *WN*, p.10. 前掲訳（一）、一九頁。

(14) Ricardo, *op.cit.*, pp.22-24. 前掲訳、三三―五頁。

(15) *WN*, p.65. 同訳、九一頁。

(16) 高島、前掲書、第二部第五章、内田義彦『経済学の生誕』未来社、一九五三年、後編一。

(17) 内田、前掲書、三二九頁。これに対して、小林昇は、この区別を重視する余り、両社会の断絶をもっぱら強調した。小林、前掲書、九五―六頁。

(18) 小林、前掲書、四二―九頁、稲村、前掲書、二四―九頁、参照。

(19) これは、中川、前掲双書で採り上げられた諸文献の共通見解であり、その代表的なものとして、M・ブラウグ（一九五九年）（一九六二年）、S・ホランダー（一九七三年）、（後二点は邦訳あり。）さらに、中川「R・オドーネルの「スミス価値尺度論」解釈」（Ⅰ）～（Ⅳ）、『広島経済大学経済研究論集』、第二三巻第四号～第二四巻第三号、二〇〇一年三月～一二月、参照。

（20）星野「才能論と価値論――『国富論』の基本命題――」、『経済系』第二一九集、二〇〇四年四月、四六―五二頁（本書、第二章第二・三節）。

（21）*WN*, pp.15–22. 同訳、二六―三三頁。只腰親和『「天文学史」とアダム・スミスの道徳哲学』多賀出版、一九九五年、二二八―九頁、参照。スミス分業論と近年の「内生的成長理論」との関連については、Masazumi Wakatabe, Knowledge in Classical Economic Thought:Survey and Suggestions、『経済学史学会年報』第四〇号、二〇〇一年、二六頁、参照。

（22）*WN*, p.96, p.266. 同訳、一四三、四三二―四頁。和田重司『アダム・スミスの政治経済学』ミネルヴァ書房、一九七八年、二九九―三〇二頁（初出、一九七六年）、星野『アダム・スミスの思想像』新評論、一九七六年、第三部第三章、参照。なお、このスミスの「衡平」視点は、価値論抜きの労働生産力論や調和論として、一九世紀中葉のケアリー→バスティア等に受け止められ、リカード理論と袂を分かつことになった。久保芳和『アメリカ経済学史研究』有斐閣、一九六一年、一六三―八四頁、高橋和男「ケアリーにおける反古典派経済思想の形成」、田中敏弘編『アメリカ人の経済思想』日本経済評論社、一九九九年、五〇―五頁、参照。

（23）星野『アダム・スミスの経済思想』、第三章一。この点での、中川、前掲双書に見る通説は、主観的な労働不効用説を採っている。しかし、不効用も時間の長短を伴うから、ある単位を基準にして不効用の度合いを係数化すれば、すべて時間に換算できる。つまり、不効用尺度を包括しうる時間尺度の方がより普遍的かつ客観的である。これがスミスの観点だったと解される。なお、前掲のケアリーの議論にはスミスの労働論と重なる視点があるが、時間換算論としての価値論を欠いている点でスミスと異なる。久保、前掲書、一六六―九頁。なお、S・ベイリー著（一八二五年）についても、それと同様のことが言える。

（24）田島慶吾『アダム・スミスの制度主義経済学』ミネルヴァ書房、二〇〇三年、二三四―四〇頁、参照。

（25）星野、前掲書、第九章一。付加価値論が『国富論』第二編の資本蓄積論で初めて提起されたことも、それがマクロ・レベルのものであったことを傍証している。

第四章　モデル形成におけるスミスとリカードの相違

第一節　スミス理論は破綻しているか？

一　スミス地代論の混濁は致命的か？

一つの経済学体系に一部だけ混乱または誤謬があるとしよう。この場合、その経済学体系にとってその誤謬が致命的なこともあれば、そうでないこともありうる。アダム・スミス『国富論』体系の中では、とくに農業投資と地代の関係をめぐる議論に、第三節で見るようにある混濁が認められる。そこで、この問題を先のケースに当てはめてみよう。つまり、その「混濁」が『国富論』の理論体系にとって致命的なものであったのか否か、ということである。

少なくともそこには二つの選択肢がありえたはずだが、これまでの『国富論』理解は、それが致命的なものであったという点で共通しており、その理解が通説化していた。そして、その理解を最初に最も説得的に展開した論者がリカードであった(1)。しかし、その場合の問題点は、その「混濁」が必ずしも『国富論』の理論体系にとって致命的なものではなかったかもしれないという理解の可能性が、以後まったく封印されてしまったことである。その意味で、その「混濁」が本当に致命的なものであったのか否か、が改めて問われなければならない訳である。

純粋数学や物理学は別として、人文学的要素が多少なりとも加味されざるをえない社会科学としての経済学においては、一〇〇%完璧な理論体系というものは不可能であろう。いかなる体系であっても、不完全な部分やあいまいな所が残るのは避けられない。その中で、部分的に誤りを犯すことも大いにありうることである。しかし、その誤りを追及して、完璧なものしか理論として認めないとするならば、経済学はすべて数式化せざるをえなくなる。現に、そういう傾向が顕著に現れた時期もあった。しかし、程なくその数式過信は行き詰まりに直面せざるをえなくなった。いかなる経済学も、所詮、完璧でない人間の作品である以上、その作品も不完全であることを免れない。したがって、その部分的な誤りについては、その読解者はある程度まで寛容でなければなるまい。ただし、その誤りがその理論体系にとって根本的なものであるとすれば、それに対して無原則に寛容である訳にはいかない。これが先の致命的な場合に相当する。そのような観点から、改めて農業投資と地代の関係をめぐる『国富論』の議論が検証されなければならない。ところが、リカード以来の通説は一方的にそれが致命的な誤りであるかのように見なしてきた。極論すれば、スミス価値論体系はすべてこの一点だけでもって破綻していると解されてきた。こうして、古典派価値論体系はリカード理論だけで代表されることとなった。

その結果として、スミス価値論体系の中の、リカード体系に無い諸々の長所と思われる論点もまったく評価されず、それらはすべて誤謬の枠組みの中での議論として否定・黙殺されてきた。それがこれまでの経済学の理論史が辿った不幸な一こまである。そのことがその後の人類史にも計り知れぬ損失をもたらしてきたかもしれないが、それは問うまい。しかし、昨今、問われている問題の一例としては、人的資本や内生的成長論という論点が挙げられる。それらは、リカード体系の影響下にあって長らく見失われていたが、第二節で示すように、スミス体系の中に原型として含まれていたものである。そこには、その他の論点も含め折角の長所があったかもしれないのに、不運にも、それらすべてがリカード体系の枠組みの中では清算されてしまった。

それらが本当に長所であるとすれば、それらの論点を含むスミス体系をどのように評価すればよいのであろうか。それが「誤謬」の枠組みの中でたまたま現代理論と一致しただけであって、「誤謬」の議論であることには変わりないと強弁するのであろうか。それとは反対に、その一部に「混濁」があったとしても、それにもかかわらず、現代理論とも重なる正当な議論をスミスがしていた可能性のあることも検証されるべきではないか。これまでの内外の学界では、リカードという経済学史上の一大権威者の名前に圧倒されて、このような疑問を表明する者は皆無に等しかった(2)。しかし、先の現代理論の変化もあって、学界の空気も少しずつ変化しつつあるようだ。

二　価格論としての地代論

スミスとリカードとの間で最も相違する点は何であろうか。本テーマに関する限りでは、それは価値と価格の関係をめぐるものである。つまり、スミスにはこの二つの概念を区別する観点があるが、リカードにはそれがない。リカードにも絶対価値の観点はあったが、それは彼の理論体系の中では論及されなかった。そのような両者の枠組みの中に地代論を置いてみれば、スミスの地代論は純粋に価格論レベルのものであるのに対して、リカードの価値＝価格論の中では、地代は価値の裏付けのない価格にすぎない。その点では、両者の観点は同様であったはずだが、実際にはそのようには理解されてこなかった。そこで、その理由について考えてみよう。

リカードと違って、スミスは価格を支配労働価値量で測ろうとした。そのため、価格論の中に価値論用語が紛れ込むケースがあった。例えば、価格の中に含まれる利潤や地代の部分を支配労働価値量で測る訳だから、利潤や地代はその「源泉」であると言うようなケースである。ここから、スミス価値論には、本来の正しい投下労働価値論と、商品価値は利潤・地代等の価値から構成されるという誤った構成価値論との二面性がある、というマルクスの批判も生じてきた。その批判の先駆となったのがリカードの批判である。そして、スミスはその誤解が生じうることに気付いたためか、『国富論』第二版改訂の際に、二か所にわたって、利潤・地代は価値の「源泉」としていた部分を「価格の構成部分」と改めた(3)。

しかし、その他の関連部分のすべてを改めることはできなかったため、先の誤解を受けるような文言が若干残されることとなった。例えば、商業利潤や地代の議論の中で、それらの「価値を付加する」と言う場合は、そのケースに当たるであろう。しかし、先の第二版改訂の観点に立てば、それは価格の構成部分としてのそれらの価値を生産部門からの配分によって「付加する」と読み替えるべきなのである。そのように理解しうるより根本的な理由は、スミスが一国レベル（マクロ）での価値（収入）増加の根拠として、利潤・地代の増加に何ら言及しなかったことである。それらに代えて、その根拠は生産的（有用）労働に一元化された。地代の根拠として「自然の力」とか「自然の労働」が挙げられたことは、後に見る通りだが、一国レベルの価値（収入）増加の根拠としては、それらは一切除かれている。

「どの社会でも、土地と労働の年々の生産物は、二つの仕方でしか増加させられないのであって、それは第一に、その社会で実際に維持されている有用労働の生産力のある改良か、あるいは第二に、その労働の量のある増大か、いずれかによる。」（四編九章(4)）

これと同趣旨の観点は、『国富論』序論や第二編第五章中のよく引用される文章にも見られるが、ここに明らかなように、生産物＝価値の源泉は有用＝生産的労働だけに限定されており、土地の「自然力」は資本財とともに除かれている。これが『国富論』に一貫するスミスの基本的観点なのである。したがって、「自然の労働」等の紛らわしい表現も、先の「価値を付加する」という場合と同様に、価格構成論の枠組みの中での議論であったことになろう。

このように、先の地代論に「誤謬」と受け取られる表現があったとしても、一国の価値をこれから増加させようという限界時点においては、地代の源泉としての「自然の力」は何の役割も認められていなかった。スミスにとっての価値論とは、マクロ的には「土地と労働の年々の生産物の価値」を対象とするものであったが、そこでは、「自然の力」等はその形成力でなく、人間の生産的労働だけがその形成力になるというスミスの基本命題をそこに読み取ることができる。

その点から見ても、先の「誤謬」がスミス価値論体系にとっての致命的な欠陥だったとは言えないことになる。つまり、それは価値論レベルの議論でなく、前述のように、価格論レベルの議論の中での比喩的表現にすぎなかったと解される。そうだとすると、それを致命的欠陥であるかのように論じたリカードの理論体系の方が、逆に問われることになりはしないだろうか。そこで、この論点を手掛かりとして、スミスとリカードの価値論モデルの本質的相違について考えてみることにしよう。

第二節　モデル形成におけるスミスとリカードの相違

一　スミスの分業理論モデル

両者の価値論モデルの本質的相違を一言で表すならば、スミスのそれは分業理論にあり、リカードのそれは分配理論にある。もちろん、前者にも分配論があり、後者にも分業論はあるが、後者の分析は国際分業論に限られている。そして、その価値論上の相違は、前者が価値増加論であり、後者が価値一定論だという点にある。つまり、前者は、分業によっていかに価値＝収入が豊かになりうるかを主題とした。それに対して、後者は、分業によってすでに生産された価値を前提として、その分配関係に主題を絞り込み、その分業の再編成という問題を、国際分業の場合を除き、主題から外した。その相違をさらに約言すれば、価値を生産する労働能力という点において、前者はそれが改良されると見なし、後者はそれを一定とするモデルを設定した。

スミスの分業理論が価値増加論だということについては、これまで度々論及してきた。スミス自身がそれに再三言及しているのだが、それを理論的には展開していないために、また、リカードがその論拠を批判していたためもあって、その理論の実在を論証することは容易でない[5]。しかも、スミス分業論を表面的に受け止める限り、分業によって細分化された労働は単調化するから、それは労働複雑化と逆行するものと受け止められてきた。そのこととリカードの価値一定モデルとが相俟って、スミスの価値増加モデルの実在という理解は、これまで拙著を除き皆無の状態であった。

しかし、スミス分業論の意味をよく検討してみれば、そのような通説は極めて疑わしいことが判明する。一般に、分業の意味は分業の内部を見ているだけでは十分には捉えきれない。スミスの発想法は、その道徳論にも示されていたように、認識対象AをAと共通項を有する他者Bに照らして見るという観点で一貫している。それを分業論に適用すれば、分業と共通項を有する他者に照らして分業を見ればよいことになる。それでは、その他者とは何か。それは分業状態も含む生産活動という共通項の中での非分業状態である。したがって、分業してない状態での生産活動Bに照らして、分業状態での生産活動Aを見ればよいということになる。

非分業生産というのは、各生産者が他者との交換に依存しないで、生活物資のすべてを自ら生産することを意味する。スミスはこの状態を詳論してはいないが、暗黙のうちに前提していた。これに照らして分業状態を見れば、どういう内容になるだろうか。スミスはこのように考えようとした。すなわち、

「仕立屋は自分の靴を作ろうとはせず、靴屋から買う。靴屋は自分の服を作ろうとはせず、仕立屋を使用する。農業者はどちらも作ろうとはせず、それぞれの工匠を使用する。彼らは皆、自分たちの勤労のすべてを、隣人たちよりも何か有利な仕方で使用し、その生産物の一部で、あるいはそれと同一のことだが、その一部の価格で、何でも自分たちの必要とする別のものを購入する方が利益になることを承知している。」(四編二章)(6)

この引用文中の「有利な仕方で」とか「利益になる」という場合の比較の対象になっているものが、非分業状態での生産活動であることは明らかである。そこでは、各人が仕立屋でも靴屋でもなく、すべてを生産する自活生産者である。その生産物と分業状態での生産物との比較を行うのだが、生産物の比較だけでは分業の利益は測り難い。そこ

で、「勤労」とか「価格」という共通尺度が用いられた。

先ず、自活生産者の労働を想定してみよう。ある者は服を作ることが、他の者は靴を作ることが上手であるとしても、彼らは皆それに専念することはできず、他の諸々の苦手な仕事にも満遍なく従事せざるをえない。したがって、その得意な仕事は諸々の苦手な仕事の中に埋没してしまう。そうすると、その得意な仕事の技倆も伸び切らず、中途半端な状態にとどまってしまう。結局、すべての仕事が苦手か中途半端な状態のままで生産を続ける他はない。この非分業状態がスミス分業論を映し出す鏡なのである。彼はこういう議論を言わずもがなと見なしたためか、その細かな説明を省いてしまった。しかし、この言わずもがなのことをリカード以降のスミス理解が見失ってきたのだから、私たち読解者は改めてこういう想定を補っておかなければならない訳である。

この鏡に照らして、仕立屋や靴屋の分業労働を分析するとどういうことになるか。先の引用文はこの問題に答えようとした。つまり、服を作ることが得意な者が仕立屋になり、靴を作ることが得意な者が靴屋になる。先の「有利な仕方で」とはこういうことを意味する。そうすると、自活生産者の各総生産物と仕立屋の服すべて又は靴屋の靴すべてとを比較して、後二者の各販売「価格」で他のすべての必要物資を「購入する」方が、自活生産者の場合より「利益になる」と言う。その根拠をスミスは「勤労」に求めた。これについても彼は詳しい説明を省いているので、これを敷衍すれば、自活生産者の一日の勤労の大部分は苦手な仕事に当てられるが、仕立屋や靴屋は、終日各々の得意な勤労に専念できることを意味する。

ここに、非分業と分業の間での勤労能力の大きな格差の発生が認められる。この能力の行使が勤労そのものだが、その能力格差の比較基準として、『国富論』冒頭部分の分業に伴う才能（talent）論では時間尺度が適用された。この尺度によって換算された時間量がその「才能」→生産物の価値量である。そして、この議論が分業一般の利益の前提とされた。すなわち、

「勤労が振り向けられている商品の生産よりも、明らかに価値が大きい商品の生産から、こうして勤労がそらされている場合には、勤労の年々の生産物の価値が多かれ少なかれ減少することは確かである。」(四編二章)(7)

このような枠組みとの関連の中で、いわばその原点として先の非分業状態と分業状態との比較が行われたのである。しかも、これらの文章は「見えざる手」論の直後の文脈で、国際分業の利益を示すために提起されたものである。したがって、この観点は第四編全体はもとより、『国富論』全体を通ずる基本命題であるはずだ。その意味で、スミスの分業論では、価値増加論が最大テーマとされたことが見失われてはなるまい。

なおまた、前記の労働諸能力価値の増加は彼らを雇用する資本価値の増加を前提条件とするが、前者による労働生産力の改良は、個別商品価値の低減を実現する。これにより、一国総資本の諸経費価値負担の節減が可能となり、この節減分が資本の雇用価値増加分に当てられる。これが先の文脈全体の含意するところであった。

二　リカードの分配理論モデル

これに対して、リカードはどう答えたであろうか。彼は当初から労働能力の改良を差し当たり無いものと仮定した。これがスミス・モデルと本質的に異なるリカード・モデルの特性である。そして、それは国際分業論にも適用された。すなわち、彼の周知の比較生産費説においては、価値一定の下での生産物量増加の議論に焦点が絞り込まれたからである。リカードがそのモデルを設定した理由として、労働能力は一両年の間にも、また親から子の世代間でも、ほと

んど変わらないからだと言う。[8] その上で、スミス以降の価値増加論は価値と使用価値の混同だと批判して、スミス・モデルをリカード・モデルに転換した。しかし、この批判に疑問があることはこれまで再三論じてきたし、前述のスミス・モデルにも示した通りである。

また、リカードが労働能力改良をモデル化しなかったもう一つ別の有力な事情があったと思われる。それは、スミスとリカードの中間期にマルサス『人口論』（一七九八年）の周知の命題が提起されていたからである。つまり、（労働能力改良→）価値（収入）増加→賃金上昇→労働人口増→穀価上昇＝貧困化というマルサス命題をリカードは基本的に受け入れていたからである。もちろん、スミスにも同様の観点が無かった訳ではないが、それはマルサスのように鉄則化されてはいなかった。マルサスはそれをスミスの弱点と見なし、この鉄則に依拠して富裕化（＝価値増加）というスミス・モデルを退ける結果をもたらした。[9] そして、リカードはマルサスのそのスミス批判を受け入れたこともあって、スミス・モデルを価値一定モデルに振り替えたと思われる。

しかし、このことは、マルサス命題を鉄則化しさえしなければ、それとスミス・モデルとは別次元の事柄として区別できるから、スミス・モデルがその内部矛盾によって破綻することにはならない。確かに、マルサス命題が妥当しなくなった高度文明化社会の現実の中では、その命題に依拠したリカード・モデルよりは、その命題に囚われていないスミス・モデルの方が有効だという可能性も否定できないからである。また、昨今の人的資本論や内生的成長論もマルサス命題からの脱皮を抜きに語ることはできないはずだ。

第三節　地代論におけるスミスとリカード

一　スミス地代論の混濁

スミスは農業投資と地代の関係をめぐる周知の文章で次のように言う。

「農業でも自然が人間とともに労働する。そして自然の労働には費用がかからないけれども、その生産物は最も費用のかかる職人の生産物と同様に、価値を持っている。……したがって、農業に使用される労働者と役畜は、……彼ら自身の消費に等しい価値、すなわち彼らを用いる資本に等しい価値の、……利潤を伴った再生産を引き起こさせる(occasion)ばかりでなく、はるかに大きな価値の再生産を引き起こさせる。彼らは、農業者の資本とその全利潤のほかに、地主の地代の再生産をも規則的に引き起こさせる。この地代は、このような自然の諸力の生産物と考えられうるのであって、この力の使用を地主は農業者に貸し付ける。地代はそういう力の想定された程度に応じて、……その土地の自然のあるいは改良された肥沃度と想定されるものに応じて、大きかったり小さかったりする。それは人間の仕事(work)と見なすことができるものをすべて、控除あるいは補償した後に残る自然の仕事である。……したがって、農業に使用される資本は、製造業に使用される等額のどの資本よりも……それが用いる生産的労働の量に対する割合において、その国の土地と労働の生産物に……はるかに大きな価値を付加する。」(二編五章)(10)

これが、『国富論』中の誤謬の最たるものと、リカード等によって批判されてきた部分である。しかし、これを注意深く読むと、「労働者と役畜」は地代等を「再生産する」[11]とは言わずに、「再生産を引き起こさせる」と言っている。そうすると、その再生産の原因は別のところにあるとも理解できる。また、地代が「自然の諸力の生産物と考えられうる」と言う場合も、「その土地の…肥沃度…に応じて、大きかったり小さかったりする」のだから、その場合の「自然の諸力」は単なる差額地代の根拠であるにすぎない。

それと同様に、「自然の労働の生産物は、…価値を持っている」とか「農業…資本は、はるかに大きな価値を付加する」と言う場合も、「地代の価値を生産する」[12]とは一切言っていない。そのことは『国富論』を通して一貫している。つまり、差額地代も利潤と同様に総付加価値の一部であるから、その価値が地代という自然価格の構成部分となる現実を、スミスはこのように表現したと思われる。

確かに、その説明が行き届かず、誤解を招く表現が一部含まれていることも否定できない。また、「改良された肥沃度」によってもたらされる地代の一部には、その改良のために投下された資本に対する利潤が含まれるはずだが、地主がその改良をすれば、すべて地代のように見えてしまう。スミスはもちろんその区別の必要性をわきまえていたが、ここでは、あえてそれを詰めないで、すべて地代の「価値を付加する」に包括してしまった。そういう不十分さを抱えた中での議論であるから、ここだけで、スミス価値論体系が覆されるほどの混乱に陥ってしまったと言い切るのは酷であろう。

二　商業利潤と地代の類比

前述の農業投資と地代の関係をめぐるスミスの議論を、より正確に理解するための一つの有力なヒントになりうるのが、それと同じ文脈で展開された商業投資論である。その点におけるスミスとリカードとの本質的相違は、スミスの投資論が製造業資本、商業資本、農業資本の三本立てであったのに対して、リカードのそれは商工業資本と農業資本の二本立てであったことである。この区別も従来、無視されてきたが、スミス地代論の理解にとって、これを的確に押さえておくことが肝要だと思われる。(13)

前述したように、スミスは限界時点における富裕化＝価値増加の根拠を生産的（有用）労働に一元化していた。これに対応するのが先の第三節一冒頭引用文の「人間の仕事」である。もう一つの「自然の仕事」を富裕化要因としては一切認めていない。これを富裕化要因として認めてしまうと、スミス価値論は二元化し、論理的に破綻したと言われてもやむをえないが、事実としてそうなっていない。それでは、地代の価値はどこから生ずるとスミスは考えたのか、が問題になる。そのヒントになりうるのが彼の商業利潤論である。商業利潤と地代に共通する点は、それらが、農業・製造業の利潤と異なり、ともに直接生産に関わりのない、純粋な価格現象の中から生ずることである。

「土地の生産物のうちで普通に市場に運ばれうるのは、その通常の価格が、それを市場に運ぶのに使用されねばならない資本を、通常の利潤を伴って回収するに足りる部分だけである。通常の価格がこれ以上ならば、そのうちの剰余部分は当然に地代になるだろう。……価格がこれ以上であるかないかは需要による。／……そこで注意すべきは、地代が賃金および利潤とは違う仕方で商品価格の構成に入り込むということである。賃金および利潤の高低は価格の高低の原因であり、地代の高低は価格の高低の結果である。」（一編一一章）(14)

「貧しい製造職人にとって自分の生活資料を毎日さらには時間ごとにさえ、必要に応じて買うことができるということほど便利なことはありえない。それによって、彼はほとんどすべての貯えを資本として使用することができる。

こうして、彼は仕事をもっと大きな価値のものに仕上げることができ、このようにして彼がその製品からあげる利潤は、小売人の利潤がその財貨に課する付加的（additional）価格を償ってはるかに余りあることになる。[15]」

「卸売商人は、そのサービスによって、社会の生産的労働を支え、社会の年々の生産物の価値を増加させるのに、間接的に寄与する。彼の資本はまた、彼の財貨をある地方から別の地方へと輸送する船員や運送人を雇用し、それらの財貨の価格を、彼の利潤の価値と彼らの賃金の価値だけ増加させる。これが、……この資本が年々の生産物に直接に付加する（add）価値のすべてである。」（二編五章）[16]

この小売人と卸売商人の活動を商業として一括すると、これらの引用文に示されたように、商業は生産を行わないが、その活動によって生産部門の活動の便宜を図り、その結果、生産部門の生産する価値が増加する。その上で、商業活動は、その取り扱う商品の価格に、自らの資本利潤と労働賃金の価値を付加する。しかし、その付加部分は商業活動が生産したものでなく、生産部門の生産活動が生産したものの一部である。「（その生産部門の）利潤は、商人の利潤がその財貨に課する付加的価格を償ってはるかに余りある」と言うのは、そういう意味である。その文脈の中で、商人の利潤と賃金の各価値を、「（商業）資本が年々の生産物に直接に付加する価値のすべて」だと言った訳である。

したがって、商業による付加的価格＝付加価値は、商業活動が生産部門の付加価値生産を「支え」、「増加させる」ことに「間接的に寄与する」結果として、生産部門で生産された付加価値から配分されるのと同じことを意味する。ただし、スミスはそのプロセスを配分とは言わず、「付加する」と表現した。そこに、商業活動が単に生産活動に付随するものでなく、間接的とはいえ、主導的に一国の付加価値生産に「寄与する」役割を認めようとした。そういうスミスの姿勢を読み取ることができる。しかし、不運なことに、通説ではそのようには受け取られず、スミスにおける生産部門と商業部門との区別と関連は正確には捉えられてこなかった。実際に、リカード自身はそれら両部門を区別せず、一体として捉えただけにとどまり、それが古典派の共通モデルだと見なされてきた。

そのため、商業部門の「付加する価値」も生産部門のそれと区別できなくなってしまった。ただし、これがそこまでの議論にとどまる限り、リカード・モデルのその議論が不問に付されてきたように、さしたる問題ではないかもしれない。ところが、同じ文脈でそれと同様の表現が先のスミス地代論の中でも使われていた。そうすると、リカード以来の通説によれば、地代も直接の付加価値生産の成果とせざるをえなくなるから、その生産の根拠として「自然の力」や「自然の労働」が挙げられることになる。かくして、スミス価値論には二元的原理が存在することになり、その矛盾・破綻が指弾されることになってしまう(17)。

しかし、実際のスミスは生産しない商業部門にも「付加する価値」という表現を用いていた。そうすると、地代部分の付加価値もその土地で生産されたものでなく、土地生産物に対する需要に支えられた高価格の結果として配分されたのと同じことを意味しよう。すなわち、「通常の価格がこれ以上ならば、そのうちの剰余部分は当然に地代になるだろう。……価格がこれ以上であるかないかは需要による。……地代の高低は価格の高低の結果である。」

つまり、農産物への需要による高価格の「剰余部分」＝地代部分はそれを購買する消費者が負担し、消費者の所得は社会の総付加価値の一部だから、そこから地代が配分されるのと同じことを意味しよう。しかも、限界時点における社会の総付加価値生産の原因は生産的（有用）労働に一元化されていた。したがって、地代の価値の源泉はそこにしかありえない。これがスミス本来の地代論であるはずだ。そして、それはリカード地代論の先駆として位置付けられうる。その意味で、先の農業投資論の中の議論も、この枠組みの中で理解されるべきところが、スミス自身の勇み足的表現もあって、その価格論の枠組みとは別個の理論として受け止められてしまった訳である。

三　地代論におけるスミスとリカード

スミスには、商業活動を単に生産活動に付随するものでなく、商業独自の主導的役割を認める視点があったが、それと同様の視点が地代を論ずる場合にも内包されていた。そのことが、地代の価値を生産部門からの単なる配分としてでなく、その「価値を付加する」という表現を採らせることになったと思われる。ところが、リカードはこれを単なる配分として捉えた。確かに、彼のモデルにあっては、地主の地代所得は付随的どころか、余分なものであり、無いに越したことはないかのような扱い方であった。しかし実際には、それとは逆に資本蓄積↓人口増加によって、地代の一層の増加は不可避だという悲観的な見通しに立っていた。そうであればこそ、その危機を少しでも先延ばしするための穀物法撤廃↓国際分業＝穀物輸入自由化の必要性が力説された訳である。

しかし、スミス・モデルはその危機認識の前段階にあって、前述のように、人口増加を必ずしも伴わない価値増加↓所得増加の原因分析を主題とした。しかも、スミスにとって解決すべき最優先課題として、重商主義の克服があった。その下での植民地貿易資本を中心とする独占利潤が自然率地代にもかなり食い込んでいる、という現実認識があった。

「独占は、収入のすべての源泉、すなわち労働の賃金と土地の地代と貯えによる利潤とを、それが無い場合よりもはるかに少なくする。……／……高い（独占的）利潤率はどこでも、……商人の性格にとって自然な節倹を破壊するように見える。……得やすければ失いやすいと諺にいう通り、通常の使いぶりは、どこでも実際に使う能力よりは、使う金の入手についての想定された容易さによるように思われる。」(四編七章)[18]

このような「独占」利潤批判がスミスにとっての最大課題であった。それは本来的に勤勉・倹約型の「商人の性格」を「破壊する」点で最悪の弊害だと見なされた。それに対して、スミスにとっての地主は本来的に消費者階級であったから、重商主義的独占商人のような新規の弊害は認められなかった。ところが、リカードにとっては、地主は穀物法(一八一五年)の受益者階級であったから、そこに、重商主義的独占商人の弊害に取って代わる新たな弊害を認めることとなった。

しかも、スミスにとって地代所得は、社会の付加価値生産を妨げることなく国家の必要経費を支えうる唯一最大の税源であった。そのこともあって、彼は地代の価値を他者従属的な配分原理で捉える代わりに、商業利潤の場合と同様に、地主の主導的(国家的)役割を損なわないように、土地の「自然力」が「価値を付加する」という穏当な表現を採ったように思われる。なお、これと同趣旨の配慮は労働による付加価値としての利潤論にも認められよう。これに対してリカードにとっては、「課税は…すべて、単に害悪の選択を示すにすぎない」[19]から、スミスのようには地主の担税能力という役割を評価する訳にはいかなかった。

したがって、リカードにとっての地代は価値生産部門からの配分にすぎないものと、遠慮なくあからさまに捉えられた。スミスの場合も、実質的にはリカードに先駆する配分原理としての地代認識を基本としていたが、前述のような諸般の事情の中で、混濁を含むあいまいな表現を採らざるをえなくなった。ここに、完璧ではありえない人間存在としての、よりナショナルなスミスとコスモポリタン的なリカードとの、経済科学にすら浸透せざるをえない微妙な存在被拘束性の作用が窺い知れよう。

【注】

（1）羽鳥卓也「スミスの農業投資の有利性命題をめぐるマルサス・リカードウ論争」『マルサス学会年報』第一五号、二〇〇六年、五七―六二頁。

（2）高島善哉はこれを先駆的に表明した。「リカードにおいては生産力概念は初めから与えられたものとして問題にさえならなかった。……労働価値論を単に労働価値の理論として、生産力の理論から切り離して取り扱うことがいかに…誤謬であるかを示すものである…。」高島「スミス―リスト―マルクス」『経済評論』一九四七年八、九月号（『価値論の復位』こぶし書房、一九九五年、五四頁）。なお、高島『経済社会学の根本問題』（一九四一年）のスミス論が、この観点から提起されていたことは言うまでもあるまい。

（3）羽鳥卓也『「国富論」研究』未来社、一九九〇年、九一―七頁（初出、一九七四年）。

（4）*WN*, p.676. 水田・杉山訳（三）、三二一頁。

（5）星野彰男「価値法則としての「見えざる手」」『経済系』第二二九集、二〇〇六年一〇月、第三節。

（6）*WN*, pp.456–57. 前掲訳（二）、三〇五頁。

（7）*WN*, p.457. 同訳、三〇六頁。

（8）David Ricardo, *On the Principles of Political Economy, and Taxation* (1817), *The Works and Correspondence of David Ricardo*, Cambridge, 1951, Vol.1, pp.21–22. 羽鳥卓也・吉沢芳樹訳『経済学及び課税の原理』岩波文庫、上、三〇―一頁。

（9）(Malthus, T.R.), *An Essay on the Principle of Population*, London, 1798, ch.16. 高野岩三郎・大内兵衛訳『初版人口の原理』岩波文庫、第一六章。羽鳥卓也『古典派経済学の基本問題』未来社、一九七二年、三七五―四一〇頁、参照。

（10）*WN*, pp.363–64. 前掲訳、一六二―四頁。

（11）羽鳥、前掲論文（二〇〇六年）、四七頁。

(12) リカード等はそのように受け止めた。羽鳥、前掲論文、六七頁。
(13) 星野『アダム・スミスの経済思想』関東学院大学出版会、二〇〇二年、九八―一〇六頁。
(14) *WN*, pp.161–62. 前掲訳（一）、二五四―五頁。
(15) *WN*, p.361. 同訳（二）、一五九頁。
(16) *WN*, pp.362–63. 同訳、一六一―二頁。
(17) 羽鳥、前掲論文、六五―八頁。この中の引用文で、農業が工業より生産的な譬えとして「三人の子供をつくる」と言うのは、スミス自身の観点でなく、ケネー固有の観点を示すものであろう。仮りにスミスがその観点に立ったとするならば、農業投資が恒久的に有利になるから、工業を不生産的と見なすケネーと同様の観点になってしまう。星野『アダム・スミスの思想像』新評論、一九七六年、九三―四頁、参照。〔本書、第八章第五節、第九章第二節をも参照。〕
(18) *WN*, pp.612–13. 前掲訳（三）、二一一―三頁。
(19) Ricardo, *op. cit.*, p.167. 前掲訳、二三一頁。

第五章　支配労働価値論をめぐるスミスとリカードの相違

第一節　リカードのスミス批判は正当か？

私は近著において、スミスの付加価値論体系と「見えざる手」との関係を解明し、その投下労働価値視点におけるリカードとの共通性と相違点を指摘したが、(1) 本章では、これを踏まえつつ、さらにこれを展開させる観点から、とくに支配労働価値論をめぐって、両者の価値論視点の比較検討を試みてみたい。(2) そこで、まずリカードのその観点を見てみよう。周知のとおり、彼はスミスの支配労働価値視点を次のように批判する。

「商品に実現される労働量がその交換価値を規定するのだとすれば、労働量の増加は必ずその労働が加えられた(exercised) 商品の価値を上昇させるにちがいないし、同様に、その減少は必ずその価値を低下させるにちがいない。

アダム・スミスは交換価値の本源をきわめて正確に定義した。そこで、彼は一貫して、あらゆる物の価値がその生産に投下される労働の増減に比例して騰落する、と主張すべきであった。(だが、) 彼はみずから別の標準尺度を立てた。そして、物の価値は、それと交換されるこの標準尺度の増減に比例して騰落している、と説いている。彼は標準尺度として、あるときは穀物を、別のときは労働を挙げている。ただし、ここでの労働とは、ある物の生産に投下される労働量ではなく、その物が市場で支配できる労働量のことである。……

もしこのことが本当に真実であって、労働者の報酬がつねに彼が生産した量に比例しているなら、ある商品に投下される労働量と、その商品が購買する労働量とは、等しいだろう。そこで、どちらの労働量でも他の物の（価値）変動を正確に測定できるだろう。だが、両者は等しくはない。前者はたいていの事情のもとで、他の物の（価値）変動を正確に示す不変の標準であるが、後者はそれと比較される商品と同じ程度に（価値）変動を免れない。アダム・スミスは、他の物の価値の変動を確定するためには、金銀のような可変の媒介物では不適当だということを最も巧みに説明した後て、穀物あるいは労働を選定することによって、みずから金銀に劣らぬほど可変の媒介物を選び出した。

……労働の価値も……同じく可変なのではないだろうか。というのは、それは他のすべての物と同じように、……需要・供給間の比率の変動によって影響されるばかりでなく、労働の賃金の支出対象である食物その他の必需品の価格変動によっても影響されるからである。(3)」

このリカードのスミス批判には、二重の論点が含まれているように思われる。その第一は、利潤や地代の交換価値の尺度としての支配労働量という論点に伴う問題点と、第二に、価値尺度機能としての支配労働量視点そのものに伴う問題点である。

第一点については、スミスによれば、利潤や地代それ自体は、自然価格の構成部分とみなしていたから、それらは価値形成としての投下労働による付加価値とは、マクロ的には一致すると明言したが、ミクロ的な個別商品価値としては、その一致を明言していない。「利潤は使用された資本の価値だけによって左右され、その大小はこの資本の大きさに比例する。(4)」という市場の論理を認める以上、そのことと投下労働のみによる付加価値との一致は認め難いことだろう。また、そのことをもって、スミスは、投下労働価値論を放棄したと言うこともできない。したがって、そのように価格の構成部分として含まれる利潤や地代の交換価値量を側る尺度としては、投下労働量でなく、支配労働量視点が適用された訳である。そして、通説としては、そのことがスミスによる投下労働価値論放棄説の論拠として受け止められてきた。

第二の論点は、スミス本人が支配労働量を「可変の媒介物」として規定したか否かに関わる。スミスによれば、「ある商品の価値は、……それによって彼（その所有者）が購買または支配しうる労働の量に等しい。……／……その（財産の）所有がただちに、かつ直接に彼（所有者）にもたらす力は購買力、すなわち、そのとき市場にあるすべての労働、あるいは労働の全生産物に対する一定の支配力である。彼の財産の大小はこの力の度合、すなわちその財産によって彼が購買または支配できる他人の労働の量、あるいは同じことであるが、他人の労働の生産物の量に正確に比例する。すべての物の交換価値はそれがその所有者にもたらすこの力の度合につねに正確に等しいはずである(5)。」

「それ自体の量がたえず変動している量の尺度は、他のものの量の正確な尺度とはなりえないように、それ自体の価値がたえず変動している商品は、決して他の商品の価値の正確な尺度ではありえない。等しい量の労働は、いつどこでも、労働者にとっては等しい価値であると言っていいだろう。健康と体力と気力がふつうの状態であり、熟練と技倆がふつうの程度であれば、彼はつねに同じ分量の安楽と自由と幸福を放棄しなければならない。……いつどこでも、手に入れにくいもの、つまり獲得するのに多くの労働を要するものは高価であり、手に入れやすいもの、つまりわずかな労働で手に入れられるものは安価である。だから、労働だけが、それ自身の価値に変動がないために、いつどこでもすべての商品の価値を評価し比較することができる、究極的で真実の規準である。[6]」

スミスのいう支配労働量がこの意味であるとすれば、「可変の媒介物」というリカードのスミス批判は当たっていないと言うべきだろう。つまり、スミスにとっての支配労働視点とは、その原型モデルとしての独立商品生産者社会においては、ある商品生産者の商品価値は、彼自身の労働量によって測られるのではなく、それと交換される相手の商品の労働量によって測られるという見方であった。したがって、それは、自分の投下労働量ではないにしても、それと同等の相手の投下労働量が支配の対象とされた訳であるから、投下労働量の見方と同じ見方を交換する相手の労働の中に認めようとしたことになる。

ただし、リカードは、「労働者の報酬がつねに彼が生産した量に比例している」という独立商品生産者社会の論理としては、このようなスミスの見方の妥当性を認めたようだが、資本制社会の論理としては認めようとしなかった。なぜなら、そこでは、支配労働量が「労働者の報酬」という意味で賃金価値と等置されたからである。しかし、それはリカード独自の一解釈であって、スミス自身がそのような等置をしていた訳ではない。

つまり、スミスは、独立商品生産者社会における支配労働の論理と同じ論理で、資本制社会における支配労働の論理を捉えようとしたからである。そして、それを「可変」のものとしてでなく、「不変」の価値尺度として提起し、それを一貫させようとしたと解されるからである。ただし、資本価値が省かれ、労働のみが生産要素とされる独立商品生産者社会においては、労働能力の価値と、労働の成果としての労働生産物の価値とは等しいから、どちらも支配の対象とされたが、資本制社会においては、労働生産物の価値には付加価値が含まれるため、労働能力の価値とは等しくならないから、支配の対象＝価値尺度は労働能力だけに限られた。

第二節　両者の視点が異なるのはなぜか？

そこで、両者の支配労働視点がこのように異なるのはなぜか、を考えてみよう。それを象徴する一例が、「労働の価値」等という場合の「労働」という言葉の使い方の相違に示されている。すなわち、資本制社会におけるスミスの付加価値→利潤認識によれば、

「職人が原料に付加する価値は、……二つの部分に分解するのであって、その一つは彼らの賃金を支払い、もう一つは彼らの雇主が前払いした原料と賃金との資本全部に対する利潤を支払う。」（第一編第六章）(7)

「労働のうちである種類のものは、それが投下される対象の価値を増加させる。……製造工の労働は、一般に、彼が働きかける原料の価値に対して、彼自身の生活費の価値と彼の雇主の利潤の価値を付加する。」（第二編第三章）(8)

なお、通説によれば、これらの命題をスミスは中途で放棄したと解されてきたが、私見（拙著）によれば、その放棄を完璧に論証することはほとんど不可能だろうし、実際にそれに成功した前例は、リカードを含め皆無だと解される。

これに対するリカードの付加価値＝利潤認識によれば、

「生産された商品の交換価値は、その生産に投下される労働に比例するのであり、つまり、その商品の直接の生産に投下される労働だけではなく、労働を実行するのに必要なすべての器具や機械……に投下される労働にも比例するだろう。」(9)

「もし他の商品の生産に必要な労働が増減すれば、それによってただちにその相対価値の変動がひき起こされるけれども、こういう変動は必要労働量の変動によるのであって、賃金の騰貴によるのではない[10]。」

このように、両者とも付加価値の源泉として「投下される（bestowed）」労働という言葉を使っているが、その用法はかなり異なる。つまり、スミスにあっては、労働が「投下される」対象は、「原料」であって、それに「働きかける（work upon）」ことと同じ意味だとされた。それに対して、リカードにあっては、生産場面や生産物にとって「必要な労働」という意味での「投入」労働量＝雇用労働量として使われている。そして、付加価値＝利潤は、過去に「投入された」ものを含む合計雇用労働量に「比例する」ものとみなされた。そこでは、合計投下労働と利潤の関係は、相互間の量的「比例」関係として捉えられた訳である。

したがって、リカードにあっては、「労働」概念が、生産過程とは区別され、生産に当たってあらかじめ用意された必要条件として自立化されており、当初から賃金価値へと転換可能な意味内容をもって使われていた。もちろん、それは、「生産に必要な労働」量であるから、賃金そのものとは異なるが、この意味での「労働」概念が自立化された上で、支配の対象とされ、「生産に必要な」という意味から切り離されたときには、容易に賃金価値に振替え可能な概念であった。

それに対して、スミスの「労働」概念にあっては、資本制社会における付加価値生産の場合に限れば、それは、「原料」＝「対象」に「働きかける」という意味での「投下される」行為能力＝新たな価値を「付加する」能力、つまり、生産過程そのものの中での労働能力として使われている。そして、その行為能力に対して賃金が支払われるという意味で、その労働も賃金に換算されるにしても、リカードの場合のような労働と賃金との直接的な等置の用法とは、かなり異なる用語法だと言えよう。[11] したがって、スミスにとって、賃金は、あくまでも労働能力に対応するものであって、価値尺度そのものという訳ではない。

そこで、両者のこのような用語法の相違を支配労働視点における「労働」概念に適用してみると、スミスにあっては、労働を行う、その担い手の労働能力への支配という点に主眼があったのに対して、リカードでは、「労働の価値」＝賃金価値への支配という点に傾斜せざるをえなかったと言えよう。その意味で、リカードのスミス説批判は、リカード的「労働」概念に引き寄せた、つまり、スミス固有の「労働」概念とは微妙にずれた視点からのものだったと言わざるをえない。

また、スミスが独立商品生産者社会において「労働」の「支配」という場合、その労働は、ある一定量として測られるが、それを「労苦と煩わしさ（toil and trouble）」で表そうと、「安楽と自由と幸福の放棄」とみなそうと、究極的には、ある一定労働単位という共通尺度により換算された時間の多少によってしか比較のしようがないというのがスミスの観点であった。資本制社会における賃金の決定要因も、基本的にはそこに求められている。

たとえば、各労働量を「労苦と煩わしさ」で比較してみても、その労働を行う者の個別能力によって比較する限りは、同じ労働量でも、各人ごとにその負担感がかなり異なってくる。その意味での不効用の度合は、主観的に感じられるだけであって、客観的な価値尺度で比較することはほとんど不可能である。そこで、スミスは、その評価規準をその労働を行う当人の側ではなく、彼と取引する相手＝不特定多数の労働の側に探ろうとした。そして、その客観的尺度としては、労働者本人の主観的感覚によって左右されないための、不特定多数の労働という一般的な尺度、つまり、ある一定規準に還元された時間という共通尺度に引き絞っていこうとした。[12]

スミスも、賃金を可変的だとみなしたが、しかしそれは、その尺度の規準となるべき労働単位を不変的とみなした上での可変性なのである。リカードは、このスミスによる時間換算の問題提起を承知の上で、あえてこれを与件として省略し、自らの理論モデルから排除することによって、労働測定尺度を賃金と直結させ、したがって、支配労働量を賃金価値と等置することによって、スミスのその議論の難点を指摘しようとした。その意味で、同じ「労働の価値」という言葉の内容が、両者間でまったく異なっていた訳である。

その際に留意されるべきことは、スミスの場合、支配の対象となる労働能力が、市場取引の中である一定量の時間に換算された労働を行いうる能力として評価された上で、その能力の等価として賃金が支払われるとみなしたことである。とはいえ、後のリカード派社会主義説のような不払労働とその搾取という見方は採っていない。そしてその点に関しては、リカードもスミスと同じ見方だった。

スミスは、そのような見方に立った上で、その労働能力が原料に「投下される」ことによって、原料の価値に新たな価値を付加し、その付加価値部分が賃金と利潤という「二つの部分に分解する」と言ったのである。つまり、その意味での労働能力に対して賃金が支払われるのに反して、利潤部分は、「資本の大きさに比例する」だけだから、労働能力とは直接的な関係は無いように見える。そうすると、利潤は、利子や地代と同様に労働とは無関係に発生するようだが、スミスによれば、実質的には決してそうではなく、その発生原因は、あくまでも労働による付加価値にあることを明言することによって、スミスは、リカードに先立って古典派価値論の固有の視点を展開しようとした。そしてその点に、古典派価値論を退けた、後の生産費説や効用価値論との決定的な相違があることもまた、十分に留意されなければならない。

このように、両者は、古典派として位置づけられる共通の視点に立ちながらも、前述のような相違が生ずるのはなぜか。その根本原因が、さらに明らかにされなければならない。その点の理解が不十分であったために、リカードのスミス批判が正当なものとして、内外を問わずこれまで定説化されてしまったからである。

周知のように、リカードは、金＝貨幣を中位の資本構成により生産される価値物とみなすことによって、そこに不変の価値尺度を認めようとした。ここに示されたように、彼は具体的に手に取って分かる「標準尺度」を求めて止まず、その観点から、スミスの支配労働を賃金財という物的尺度説とみなすことによって、それを退けることになった。しかし、これは、考えようによっては、リカードにとって危うい議論でもある。なぜならば、そのようなスミス批判は、リカード自身の投下労働価値論における労働論に跳ね返ってくるかもしれないからである。

リカードは、投下労働が生産に必要なものであるのに対して、支配労働が流通過程で決められるものだとみなし、価値尺度としては、前者を不変的で、後者を可変的だと区別した。だが、後者は、「労働の価値」というより「労働の価格」と言うべきものだろう。少なくともスミスは、それらをともに労働能力の価値（value of labour）として一義的に捉えた上で、その同じ労働能力が「投下される」場合と「支配される」場合との二側面を区別したにすぎない。そうだとすると、それは、スミスの二義性ではなく、リカード自身の用語上の二義性ということになってしまう。彼が、労働概念でなく、金＝貨幣に不変の価値尺度を認めようとしたことも、この疑問と関わりがあろう。また、スラッファによる穀物尺度説のようなリカード解釈が生ずるのもゆえなしとしないように思われる。

それに対してスミスは、元来、道徳哲学者として出発した。そして彼の『国富論』も、その一環として展開された訳だから、その経済体系も、道徳的行為体系の一部に含まれる性格のものである。また、労働に対する価値評価視点も、道徳的行為に対するメリット評価視点と共通する見方で展開されていた。つまり、行為に対する評価を、その行為者側からではなく、他者＝観察者側からの評価によって測るという方法視点である。そして、このようなスミス固有の方法に対する理解を欠いてきたことが、スミスのリカード化、つまりリカードによるスミス批判の正当化をもたらした一因であろう。

もちろん、道徳的行為のメリット評価は、観察者の同感によってなされるから、そこに客観的な不変の評価尺度は認め難いかもしれない。しかし、スミスはそれを「公平な観察者」の同感によって客観化しようとしていた。確かに、現実の労働の価値評価の場合も、リカードが述べたように、その時々の需給関係等によってかなり変動せざるをえない。だが、それらの個別具体的ケースを通して貫徹される究極的共通尺度は、「公平な観察者」視点の場合と同様に、ある一定労働規準に還元された時間の長短として、少なくとも理論的には想定しうるから、偶然性に左右されない、客観的な評価が可能となる。したがって、それは不変の価値尺度としての意味を内包しうるはずである。実際にスミスは、それに相当する議論を独立商品生産者社会の中で行っていた。

すなわち、独立商品生産者社会の論理としては、商品Aの労働量は、Aが商品Bと交換されることによって、Bの労働量と等置される。これをスミスは、Aが購買＝支配するBの労働量によって、Aの価値が表示されるとみなした。このように、Aの自己労働量は、Bという他者労働量によってのみ測定される。そのことは、Aの生産者とBの生産者との相互的な交換行為＝同意を抜きにしては成立しえないことを意味する。したがって、それは、道徳的行為判断の場合と同じように、労働の価値判断における他者＝観察者機能を媒介することによって初めて成り立ちうる議論である。そして、その比較の規準尺度として、時間換算の議論が行われたのである。

ただし、労働の客観的価値評価が理論的モデルとして可能だということと、現実的に可能か否かということとは、峻別されなければならない。スミスによれば、人間の限られた理性能力では、その正確な評価は不可能であり、その代わりに無数の市場参加者の日常的取引を通じて、「大まかな等式（rough equality）」による評価がなされうるのだとされた。そして、これが「見えざる手」の観点の一環でもあったのだから、その観点は、巷間言われるほど楽天的な議論でも、非科学的な議論でもなかったことになる。

このような原型モデルの観点に立った上で、スミスは資本制社会における支配労働の論理を、一定の換算された労働時間に比例した付加価値生産を為しうる労働能力への支配として捉えたのである。それに対して支払われる賃金がその労働能力の価値と必ずしも完全に合致するとは限らないが、スミスは、その労働能力の価値としての時間尺度を「不変」的とみなし、リカードは、その労働能力の価格としての賃金財尺度を「可変」的だと指摘した訳である。

第三節　生産力論における方法上の相違

支配労働をめぐるこのような両者の視点の相違は、その論点のみに限られるものではなく、当然ながら、その他の視点の相違にも及ばざるをえない。その端的な一例は、両者間の「生産力」視点の相違にも示されている。これについてもすでに論じたことがあるが、その要点は、次のようなものである。すなわち、スミスにとっての「生産力」とは、労働する者の主体的能力（productive powers of labour）の側での生産性の向上を主として意味していたのに対して、リカードにとってのそれは、労働能力の側を一定と仮定した上で、もっぱら「生産の難易」という客体的条件の改良のみを指していた。

例えば、両者とも「分業」を生産力改良の例として挙げたが、スミスは、それによって、労働する側の「熟練・技倆・判断力」の改良を論題とした。それに対して、リカードは、労働する側の改良は与件とみなして、分業による生産物量の増加のみを論題とした。

この論点を価値論に適用するならば、スミスの分業労働は、労働の密度・複雑度の向上を意味するから、その係数によって換算されるはずの実質労働時間も増加することになる。そしてその増加分が、賃金や利潤の増加をもたらす原因としての付加価値の増加を意味することになる。もちろん、生産物量がそれ以上の割合で増加していなければ、分業する意味がなくなるから、スミスが分業による物量的増加をこの上なく強調したことは、周知のとおりだが、その文脈中に付加価値増加視点を内包していたことが、これまでまったく指摘されてこなかった。その結果として、この場合も、スミスのリカード化（価値一定の枠内での生産物量増加という視点）が促進されてしまった[13]。

なお、この論点で誤解を招きやすいことは、分業化が進められれば、労働の単純化も促進されるのではないかということである。そして、スミスも確かにそう言っている。しかし、彼はそこにとどまらずに、そのような単純化〔専一化〕を通して初めて、先の「熟練・技倆・判断力」が改良されると明言したのである。したがって、その場合の単純化〔専一化〕は、労働の密度・複雑度の高度化への一プロセスにすぎなかったことになる。『国富論』の冒頭文章に見られるこのパラドックスこそ、スミスの最も訴えたかったことの一つだったろう。

この単純化〔専一化〕を通しての複雑化ということは、彼の科学論にも示されている。つまり、その各専門分化を通して各専門分野の飛躍的進歩も可能となるという視点である。もちろん、個別的には、労働単純化〔専一化〕→労働強化という弊害面だけにとどまって、複雑化とは無縁のケースも大いにありうる。それがスミスの教育論に示された分業のマイナス面である。従来は、そこまでしか注目されてこなかったが、労働複雑化論の延長線上に、機械導入・科学技術化とそれに伴う付加価値生産増加＝拡大再生産が事実上、展望されていたことが無視されてはなるまい(14)。

これに対して、リカードは、労働複雑化の問題をいわば与件とみなすことによって、その複雑度を所与のものに固定した上で、分業の効果を、「生産の難易」という客体的条件の改良に一元化して議論を進めた。これは、学問展開の方法上の相違であるから、それが間違っているとは誰も言えない。ただしそれと同様に、スミスの方法上の個性も十分に尊重されなければならないから、その個性を無視して、スミスの視点をリカードの方法の枠内に押し込める通説的な見方は、退けられなければならない。

このような両者の生産力論における方法上の相違は、両者の理論モデルにどのように関わってくるだろうか。『国富論』の最も顕著な特徴は、そのタイトルに示されたように富の原因究明にあったが、それへの最も鮮明な解答が冒頭の分業論だったのだから、分業論の理論的内容をどう解するかが同書の神髄を把握すべき死命を制することになろう。そしてその理解の一端は、先に示した通りである。

それに対して、リカードの最大の課題は、主著の序文に示されたように、分配関係の理論的解明にあった。そして、その視点が穀物法をめぐるマルサスとの論争から展開されたように、穀物価格→賃金変動を媒介とした利潤と地代との分配比率の問題に集約された。この問題をより精密に解明するためには、スミスのような労働生産力論や付加価値増加論は、差し当たり必要とはされなかった。むしろ、それを与件として省いておいた方が分配関係の分析はより明晰化されうる。ここに、リカード経済学の最も顕著な個性が認められる。だが、言うまでもなく、それは彼固有のものであって、その方法が唯一最高のものでも、絶対化されるべきものでもない。

もちろん、それと同様のことは、スミス経済学にも当てはまる。要するに、両者の経済学は、各々固有の個性を有するものであり、そういうものとして各々適正に位置づけられなければならない。つまり、従来陥りがちであったリカード側からの一方交通的スミス理解は、極力排除されるべきだろう。その意味で、とくに、これまでのスミス研究のあり方が問われなければならない。

このような個性の相違を確認した上で、両者の理論モデルを対比してみると、もう一つの見過ごせない相違が浮上する。すなわち、リカードは、価値一定論と労働分配率変動論の組み合わせを基本モデルとしていたのに対して、スミスは、付加価値増加論と労働分配率一定論の組み合わせを基本モデルとしていた。なぜならば、彼は、労働能力の価値の規準尺度を不変とみなしていたから、その価値が付加価値に占める割合もおおよそ一定とみなしたに相違ないからである。そして、その相違は、両者の経済学の課題の相違に対応している。すなわち、スミスにとっては、付加価値＝富形成の原因究明とその大きさや増加率の原理的解明が課題だったのに対して、リカードにとっては、分配率の不断の変動を通して貫徹される価値一定という条件の下での、分配法則の解明が課題だったからである。

そのような枠組の相違に対応して、支配労働という価値尺度が、スミス・モデルでは、終始、不変的でありえたのに対して、リカード・モデルから見た場合には、それは可変的だとみなされた訳である。ただし、スミスも、長期的趨勢としては、労働分配率上昇→利潤率低下という傾向を認めていた。とはいえ、スミスのいう不変の価値尺度は、次節で見るように、投下労働価値＝付加価値の量的大きさを測る一手段として、各商品の交換価値の大きさを客観的に測定することができさえすれば、それで十分だという観点だったと思われる。経験的自然法などとよく呼ばれるスミスの思考法にふさわしく、彼は、見えない絶対的な価値規準をリカードとともに終始、想定しながら、それに最も接近しうる経験的規準として、支配労働価値論という一種の相対的価値論を提起したと言えよう。

第四節　支配労働価値論における方法上の相違

以上のような観点から、支配労働価値論をめぐる両者の相違を総括的に位置づけてみよう。スミスの場合、独立商品生産者社会においては、投下労働価値と支配労働価値とは、完全に一致するものとされたが、資本制社会においては、個別商品価値の規定に当たっては、投下労働量と投下資本量とはめったに比例しないから、利潤や地代の分配量は、支配労働量によって測る他はないとされた。ただし、それによって、スミスは投下労働価値論を放棄してしまったという訳ではない。それはミクロ的価格分析の範囲内での議論であって、マクロ的所得＝再生産分析においては、投下労働価値視点を堅持していた。すなわち、マクロ的には、投下労働による付加価値と支配労働価値とは、本来、一致するものという大前提のもとで全体の議論が展開されていたからである。その若干例を挙げてみよう。

「その社会の総収入、すなわち、その土地と労働の年々の生産物は、職人の労働が用いられる原料にその労働が付加する全価値だけ増加することになる。また、社会の純収入は、彼らの職業上の用具や器具を維持するのに必要な分を差し引いた後に、この価値のうちで残る分だけ増加することになる。」（第二編第二章）(15)

「どの社会でも、その年々の収入は、つねにその社会の勤労の年々の生産物全体の交換価値と正確に等しい。あるいはむしろ、その交換価値と同じもの（the same thing）なのである。」（第四編第二章）(16)

リカードにおいても、過去労働を含む合計投入労働量に「比例する」とされた付加価値＝利潤論は、資本の回転期間の相違等の諸々の多様な要因を加味するにつれて、無限の修正を余儀なくされた。しかしそれは、総投下労働量によって規定される総商品価値を所与のものとした場合には、その一定枠内での修正を意味するにすぎず、したがって、それらの修正が相殺されることによって、投下労働価値論は貫徹されることになる。

リカードのその修正論とは中身が異なるとはいえ、それに対応するスミスの議論が、資本制社会のミクロ・レベルにおける支配労働価値論であったと言えようか。つまり、スミスの場合のそれは、マクロ的な投下・支配労働価値の一致の枠組の中でのミクロ的価格論としての支配労働価値規定だとすれば、これもまた、総商品価値＝投下労働価値規定の枠内で相殺される修正論の一種だと言えるからである。

さらに付言すれば、スミスの原型モデルにおける支配労働価値論には、商品生産市場内の分業関係の中で生産される個別商品に内在する貨幣的性格の洞察という意味が含まれていた。つまり、ある商品が他の商品またはそれに含まれる労働量を購買＝支配しうる力を有することを認識することは、商品に内在する貨幣機能＝価値尺度・交換手段機能の原初形態を認めることになる。また、このような商品認識は、重商主義の貨幣認識を内に含みつつそれをのり超える論理としての意味をも有しうる(17)。

リカードは、このような認識に含まれうる理論的含蓄の豊かさから目を背けて、これを単なる誤謬として退けてしまった。彼の経済学における「セー法則」的な限界性もこのことと深い関わりを有している。したがって、彼の論理だけでは、重商主義→マルサスの需要視点は克服できないと思われる。その意味で、スミスが提起した投下労働価値と支配労働価値との相互媒介的関係を適正に理論化することが、需要・供給関係から成り立つ市場経済認識にとって不可欠の要諦であったと思われる。

また、スミスの需要重視視点は、とくにその商業・流通資本認識にも示されていた。すなわち、その活動が無ければ、死んだままの市場＝購買力がその活動によって生かされ、それによってさらなる付加価値生産が奨励（encourage）されるという見方である。スミスは、この理由によって、商業・流通部門の労働も、間接的な意味で生産的労働だと規定できたのである。また、商業・流通業によるこの「奨励」活動の自由に任せるという見方が、国家による上からの「奨励」政策を退ける有力な論拠とされた。

おそらくリカードは、これらの論理を受け入れただろうが、実際には、スミスが提起していたそれらの論点を無視したまま、生産→分配分析のみに終始していた。そして、その弱点が、結果的にはそのまま、リカード派社会主義説に踏襲されることとなった。後述するように、付加価値概念を棄却してしまったリカードにあっては、生産活動とは異なる商業・流通活動に伴う利潤を、投下労働価値論によって適切に説明することはできなかったのではないだろうか。付加価値概念を利潤概念と区別したスミスにとっては、商業利潤は、商業・流通活動によって奨励された付加価値生産部門からの配分として整合的に捉えられたのである(18)。

とはいえ、富の原因を究明したスミス、富の分配の論理を解明したリカードの両者に共通する投下労働価値視点は、富の世界としての市場経済に貫徹する「価値法則」（J・S・ミル）認識を初めて洞察したものとして、何よりもその点にこそ、古典派固有の画期的かつ普遍的な意義が認められなければなるまい。

以上の理解が当たっているとした場合に、なお残る問題があるとすれば、それは何だろうか？　その一つは、スミスにおける商品の価格構成においては、雇用労働量より支配労働量の方が利潤・地代の分だけ大きくなるという論点に関わる。彼は、それらの形成原因を投下労働による付加価値として一元的に捉えた。しかも、マクロ的には付加価値＝純収入（賃金・利潤・地代）だから、付加価値量と後者の支配労働量とは等しい。したがって、当然ながら、雇用労働＝労働能力の価値は、付加価値より少ない。この論点を根拠にして、リカード派社会主義の不払い労働＝搾取説が生じた訳だし、後にシュンペーターは、その帰結が論理的・現実的に不可避のことだとみなして、古典派価値論の存在理由を問い質そうとした[19]。

しかし、それ以前の段階のスミスは、その問題の所在をある程度は予知していたようだが、あえて私有財産制度に立脚する市民社会→市場社会を、生産力＝富裕化視点から擁護しつつ、そこに貫徹される「見えざる手」＝価値法則認識を提起した。彼の『道徳感情論』における「自然の欺瞞」論や「体系の精神」批判論も、また、『国富論』に張りめぐらされたモラル・ハザード批判も、そのことと密接な関わりがある[20]。また、その基本認識においては、リカードも同様であったろう。

その上で、改めて支配労働価値論をめぐる両者間の相違の意味を検証してみよう。その相違が生じた根本原因は、前述の労働概念や生産力概念の相違にもとづく付加価値認識方法の相違に集約される。すなわち、リカードには、当初から付加価値概念そのものが存在しない。彼はスミスのそれを内容的に受け継いだとはいえ、概念としてのそれを棄却して、利潤概念に一本化してしまったからである。

スミスは、付加価値概念を初めて提起したが、それは、ミクロ・レベルにおける生産過程段階での抽象化次元のものである限り、目に見えないものだから、経験的には立証できない。しかし、流通・分配過程を含むマクロ・レベルの具体化次元では、総付加価値量と「同じもの」で、目に見える純収入（賃金・利潤・地代）の交換価値であれば、それは測定可能である。そこで、スミスは、そのための価値尺度として、支配労働価値論を提起したのである。

こうして、彼は、一社会の総支配労働価値量と総投下労働価値量＝付加価値量とがマクロ的に等しい関係にあるという分析を通して、見えない付加価値の存在根拠＝実体を立証しようとした。つまり、一社会の賃金・利潤・地代の各支配労働量の合計がその社会の総付加価値量にほかならず、それは、その社会の生産的労働が、原料に投下されて、その原料の価値に新たに付加したものから成るという見方である。したがって、純収入の中での分配割合の変化や分配額の名目上の増減だけでは、社会の総支配労働価値量は増減しない[21]。労働能力としての価値尺度を不変とみなす限り、それは当然である。その支配労働価値量が増加しうるのは、投下労働による総付加価値量が増加する場合だけである。スミスにとっての支配労働価値論の存在理由の一つは、こういう点にあったのである。

こうした支配労働価値論は、付加価値概念の論証装置という意味をも有するが、利潤概念に一本化したリカード体系の中では、まったく存在理由の無いものだった。だが、リカードは、そのようには反論しないで、支配労働が価値尺度としては可変的だから尺度でありえないという、単純明快な論点だけを指摘することによって、事実上、支配労働価値論の存在理由を否定するという論述方法を採った訳である。ただし、それはマルサス批判のためでもあったが、マルサスの支配労働価値論がスミスのそれと似て非なるものだったことは、すでに十分明白だろう。

これまで、国内外を問わず、このようなスミス＝リカード関係の理解はまったく行われてこなかった。その唯一最大の理由は、スミスの投下労働価値論が、付加価値論として、彼の経済学体系に貫徹されていることを、論者が捉えきれなかったからである。そして、そのようなスミス誤認の最初の契機となったのが、冒頭引用文に示されたリカードのスミス批判であった。つまり、そこでは、スミスが投下労働価値論を貫徹できないまま、支配労働価値論の誤謬に陥ってしまったと解され、以来、それがスミス価値論についての定説とされてきたからである。(22) したがって、そのような学説史の軌道を本来の形に復元するためには、リカードのその議論にまで遡って軌道修正せざるをえない訳である。

私の近著と本章で明らかにしたように、スミス価値論にとってのメイン・テーマは、あくまでも投下労働価値論＝付加価値論であって、支配労働価値論は、本来的には、そのテーマを論証するための補助的な議論にすぎなかった。その意味では、リカード→マルクス→シュンペーター等に受け継がれたスミス支配労働価値論批判もまた、彼の価値論体系のメイン・テーマに対する批判ではありえなかった。

確かに、その支配労働価値は、金銀＝貨幣と同じように、一社会の付加価値という富本体を形成するものではなく、その大きさを測るための「尺度」＝手段にすぎなかった。したがって、それに対する批判者たちが、その「尺度」の可変性を指摘することによって、その尺度論が妥当しないことをいかに強調しようとも、そのことだけでは、スミスの付加価値＝富形成論への批判には直結しないはずである。つまり、その付加価値論は無傷のまま残るはずである。

ところが、その批判者たちは、リカードにならって、スミスの支配労働価値論を投下労働価値論にとって代わるものとみなすことによって、その付加価値論の可能性を当初から封印してしまった。しかし、元来、支配労働は価値尺度論であり、投下労働は価値形成＝決定論であるから、両者は代替関係ではありえない。にもかかわらず、彼らは、スミス自身がこれを代替させたのだと曲解することによって、スミス価値論の破綻説を唱えることとなった。

こうして、スミスの価値論は、独立商品生産者社会の中だけに限られ、資本制社会の理論分析としては、結局、ミル→マーシャル等に受け継がれる生産費説に変容してしまったと解された。だが、そうすると、スミスの独立商品生産者社会における価値論の存在理由も根拠薄弱となり、また、生産的労働論、資本投下順序論、重商主義批判論、財政論等に貫徹されているスミス固有の付加価値論体系も、すべてその意味を失うことになる。

ところが、実際のスミスは、前述したように、各商品生産に伴う付加価値の原因はすべて労働能力の働きにあるとみなし、その労働能力を尺度として、各商品の支配労働価値量を測定しようとした。その際に、すべての労働能力が、ある共通規準への還元により時間化されることによって、そこに、規準尺度としての不変性を認めようとした。その上で、それが、マクロ・レベルでの純収入の支配労働価値＝総付加価値の測定尺度としても、不変であることを提起した。こうして、スミスは、見えない付加価値の存在＝実体が、目に見える支配労働量を介して立証できることを示そうとしたのである。

さらに、この論理が、その原型モデルとしての独立商品生産者社会における投下＝支配労働の価値関係把握によって支えられていた、ということもより明白となる。こうして、ある共通規準に還元された労働能力という価値尺度の不変性さえ確認できれば、差し当たり、支配労働価値論＝価値尺度論の理論的役割は果たされる、とスミスは考えただろう。その意味では、彼も例示したように、一定条件の下でならば、その尺度を穀物や金銀貨幣にも代置できる。そして、その点ではリカードも同様に考えた。

そのような文脈の中で、改めて、リカードによる支配労働価値論批判が何を意味していたか？を再考してみよう。そうすると、リカードが批判の対象にした支配労働という価値尺度の可変性だけが、彼にとっての本来の問題だったのではなく、スミスの付加価値概念そのものが本来の問題だったのではないか、という疑問が生ずる。すなわち、その批判は、単にスミスのいう価値尺度が可変的であることを指摘しただけでなく、付加価値概念の棄却に直結させられてしまったからである。付加価値存在の論証機能としての支配労働価値論を退けることは、それによって論証されるべき付加価値存在＝実体の認識を退けることにも直結せざるをえないからである。

そのことは、あえて言えば、スミスの価値尺度の可変性というリカードの批判は、スミス型の付加価値論体系を、リカード型の生産費説的な価値論体系に振り替えるための、一つの切り札として行使されたのではないか、という疑問でもある。だが、これを、スミス側から見れば、リカードのその批判は、単に、価値論展開の方法におけるスミスとの相違を確認したものにすぎず、それだけでは、前述のように、スミス付加価値論体系の批判・克服に成功したとは言えないと思われる。

ところが、実際には、リカード以降のすべてのスミス批判者たちが、スミス付加価値論体系の本来の意味を捉えきれないまま、リカード固有の理論展開方法や支配労働価値論批判等の各個別問題を、明確に整理しないで一括受容することによって、自らが犯したスミス誤読→混乱を、スミス自身の混乱に転嫁するという倒錯現象が生じてしまった。思想史・学説史上の誤解の多くは、こういう類いのものなのだろう。

その意味でのスミス価値論批判の言説が、スミス理解の定説として一人歩きして、しかも、リカードの言説より誇張された表現によって、強固な世論として定着してしまった。これが、遺憾ながら内外の学界におけるスミス価値論理解の大勢である。そして、それが大きな重圧となって、その定説に対するまともな反論は、これまで皆無に等しい状態であった(23)。拙著とともに本章は、その反論の一つの試みである。なお、私は、スミスの議論に、開拓者として伴いがちな問題点があることも認めているが、それらは、前述のスミス理解を根本的に左右するものではないと考えている。

【注】

（1）星野彰男『アダム・スミスの経済思想――付加価値論と「見えざる手」――』関東学院大学出版会、二〇〇二年、第三・四章、参照。
（2）遊部久蔵『労働価値論史研究』世界書院、一九六四年、第五章（初出、一九五一年）、Ronald L. Meek, *Studies in the Labour Theory of Value*, London, 1956, pp.60–81, 97–99, 水田洋・宮本義男訳『労働価値論史研究』日本評論新社、六六―九四、一一五―七頁、新村聡「リカードのスミス価値論批判」、『岡山大学経済学会雑誌』第一九巻第一号、一九八七年、新村「スミス価値論とリカード、マルクス」、『経済系』第一五五集、一九八八年、藤塚知義『アダム・スミスの資本理論』日本経済評論社、一九九〇年、前編Ⅱ（初出、一九八九年）、羽鳥卓也『リカードウの理論圏』世界書院、一九九五年、第二章（初出、一九九〇年）参照。なお、これに関する英文文献については、中川栄治『「アダム・スミスの価値尺度論」に関する海外における諸研究』上・下、広島経済大学地域経済研究所、一九九五年、二二、H・ミント（一九四八年）、五八、V・W・ブレイドゥン（一九七五年）において詳細に解説されている。
（3）David Ricardo, *On the Principles of Political Economy, and Taxation* (1817), *The Works and Correspondence of David Ricardo*, Cambridge, 1951, Vol.1, pp.13–15. 羽鳥卓也・吉沢芳樹訳『経済学および課税の原理』岩波文庫、上、二〇―二一頁。
（4）*WN*, p.66. 水田・杉山訳（一）九三頁。
（5）*WN*, pp.47–48. 同訳、六三―五頁。
（6）*WN*, pp.50–51. 同訳、六七―八頁。
（7）*WN*, p.66. 同訳、九二―三頁。
（8）*WN*, p.330. 同訳（二）、一〇九頁。
（9）Ricardo, *op. cit.*, p.24. 前掲訳、三四頁。
（10）*Ibid.*, pp.29–30. 同訳、七三頁。
（11）星野、前掲書、第三章第三節、参照。
（12）同書、第三章第二節、参照。

(13) 同書、第四章第二節、参照。
(14) 同書、第九章第一節、参照。
(15) *WN*, p.295. 前掲訳(二)、四七頁。
(16) *WN*, pp.455–56. 同訳、三〇三頁。
(17) 星野、前掲書、第八章第三節、参照。
(18) 同書、第五・六章、参照。Cf. Ricardo, *op. cit.*, pp.24–25. 前掲訳、三四—五頁。
(19) Joseph A. Shumpeter, *History of Economic Analysis*, London, 1954, p.470. 東畑精一訳『経済分析の歴史』第三巻、岩波書店、一〇一〇頁。
(20) 田中正司『アダム・スミスの自然神学』御茶の水書房、一九九三年、一二〇—一頁、田中『アダム・スミスの倫理学』上、御茶の水書房、一九九七年、一四〇—一頁、星野、前掲書、第一〇章、参照。
(21) その意味で、リカードの次のようなスミス批判は、誤解である。「アダム・スミスは、……労働の価格の騰貴はきまってあらゆる商品の価格の騰貴を伴うだろう、と主張してきた……。こういう見解には何の根拠もない……。」Ricardo, *op. cit.*, p.46. 前掲訳、九五頁。新村、前掲論文(一九八八年)、五四—五頁、参照。
(22) たとえば、シュンペーターのスミス価値論批判も、これを踏襲→誇張したにすぎない。Shumpeter, *op. cit.*, pp.310–11. 前掲訳、第二巻、六五一—二頁。
(23) 新村、前掲論文は、その希少な例外だが、そのリカード批判には、羽鳥、前掲書による反論がある。ただし、両者とも、スミスの付加価値論を捉えきれていない。

第六章　スミス価値論批判への反批判

第一節　学説研究上のルール

思想史や学説史の研究においてその対象となる人物の思想・理論を論ずる場合に、可能な限り正確にその人物の思想・理論の内容を理解した上で、それを論評することが求められる。このようなことは、今日の私たちにとっては余りにも当然な研究上のルールであり、手続きである。それは、ある意味では、人権意識が普及した現代の市民社会的状況と重なり合っていると言えよう。思想史・学説史上の人物にも人権は認められなければならないはずだし、したがって、彼らの著作内容に関しても、同様であろう。今日の著作家に名誉毀損の訴えの権利が認められる以上、それは、過去の著作家にも認められてしかるべきだろう。ただ、彼らには反論の機会がないから、彼らに成り代わって彼らの言い分を代弁する後世の研究者が、いわば彼らの弁護士の役割を果たすことになる。

そうだとすると、それだけでは話が終わらない。すなわち、過去の論争史においては、名誉毀損を受けたと思われる側だけでなく、それを加えたと思われる側も存在しうるからだ。したがって、それを告発する検事役を果たすべき研究も必要となる。さらに、その告発の妥当性をめぐって弁護士役と検事役との間で容易に決着がつかない場合には、裁判官役の研究の必要性も求められよう。さらに、事態を複雑化させているのは、先の弁護士役の研究の中で、原著作者への弁護の仕方を間違えると、その弁護の内容が原著作者のものと混同され、それが原因となって、原著作者への二次的な誤解が生じてしまう場合もありうることである。俗にひいきの引き倒しとか褒め殺しなどと言われるのはこういうケースなのだろう。

それらに加えて、さらに留意されるべきは、先の人権意識や名誉毀損の基準について、国々の間の相違はさておき、時代間の相違があることである。過去においてはある程度許されたことでも、現代においては通用しないこともありうる。その場合には、歴史上の問題は別にしても、少なくとも学問上の名誉毀損等の問題については、過去の基準に追随するのでなく、現代の基準によって裁決されるべきだろう。なぜならば、近代奴隷制や人種差別等が未だ広範に存在していた時代の人権意識が今日よりも洗練されていたとは思われず、したがって、そのような時代の諸著作の論争や批判の仕方の中にも、今日であれば名誉毀損に相当するようなことが、無自覚的に平然と行われていたケースが多々見受けられるからだ。そして、そのことがその後の当該学問の進路をゆがめてしまったかもしれないからだ。

ところが、現代の研究者は、これらのケースをも現代の著作に対するのと同じ感覚で、思想・言論の自由の一環として許容または弁護してしまい、その結果として、無意識のうちに先の名誉毀損に加担してしまいがちだ。その意味では、私たちは、過去の諸著作のこのようなケースに対しては、心を鬼にして検事役に徹することが必要とされる場合も生じうる。心優しい弁護士役がいつも格好よく正しいとは限らないのである。

また、もう一つの難題は、研究上のオリジナリティー（独創性）という問題である。過去の学説をただ祖述するだけではオリジナルな研究には値しない。そこで、だれもが過去の学説に含まれる難点を指摘して、それをのり超えようと努める。このこともまた、研究上の当然の心構えだろう。ただ、それが成功しうるのは、その当該学説の正確な理解を踏まえた上での的確な批判がなされた場合に限られる。ところが、往々にして先の心構えばかりが空転して、不正確な理解または誤解にもとづく不当な批判がなされる場合が多いのである。

そうなると、この場合もまた、その度合に応じて、当該学問を進歩させるよりも退歩させることになりかねない。そこに、オリジナリティーという美名に隠された落とし穴がある。一見オリジナルな研究が祖述的研究以下の水準に堕するということにもなりかねない。ところが、内外を問わず、一般的に、学界は祖述的研究に厳しい反面、この落とし穴の危険性には無自覚であったり、過去の名誉毀損的な研究の踏襲＝祖述にすぎない場合も多々見受けられる。こうして、後世の思想・言論の自由という人権が、過去の著作家の同じ人権を侵害しているとすれば、それは権利の濫用というべきだろう。

このような観点から学説研究史を振り返ってみると、そこには様々なばらつきが認められる。ある著作家の学説が不当に過大評価されていたり、あるいは過小評価されていたりする。また、それが適度に評価されても、その中のある論点について過小評価されているために、学説全体の評価の仕方がゆがんでいたり、本来のあり方とずれているというような場合も多々ありうる。そのようなことは、不可避的であり、人間社会の縮図だとも言えようが、そのような評価のゆがみやずれが是正されないまま、後世の学問や人間社会のあり方を大きく左右している場合があるとすれば、そのように達観するだけでは済まされない。とりわけ、社会科学に関わる思想史・学説史の領域においては、そのことが当てはまる。

このように見てくると、煩わしくて何も発言できなくなりそうだが、要は、すべてについて主観に流されず、虚心坦懐に正確性を期すれば済むことだ。アダム・スミス『道徳感情論』は、一倫理学書だが、このような思想史・学説史領域の諸論争の評価や価値判断にも適用できる社会科学方法論としての意味をも内包していたように思われる。そこで説かれた「事情に精通した公平な観察者」の視点による「状況の中での適正」判断という規準は、道徳的判断に限られず、学問的諸論争の判断にも応用可能な方法だからだ。少なくとも、そのような努力の積み重ねによってしか適正評価に近づけていくことはできまい。

そこで、前述のような思想史・学説史上の問題領域の中に本章のテーマを置いて見ることが、一つの論点として浮上してくる。そして、そのテーマについての一つのケース・スタディーを試みてみようと思う。ただし、これには一つの約束事が必要とされる。それは、アダム・スミス以前の論争史の中に彼の著作を置いてみることは省略され、差し当たりスミスの著作以降の論争史に限定されるということである。逃げていると言われるかもしれないが、ただ、スミス本人は、今日的な人権意識をわきまえていたためか、他の著作家に対する名指しの論争や批判はめったにしていないから、名誉毀損等で訴えられる弱味はほとんど無いといってよい。

また、もう一つの残された問題は、このテーマそのものにどういう現代的な意味があるのかという点であるが、これについては、第三節の中で論及する。

第二節　スミス価値論批判への反批判

一　スミス価値論批判をめぐる系譜

スミスの価値論は、これまでまともには受け止められてこなかった。つまり、リカード以来、それは破綻しているとみなされてきた。そこで、それらの議論の代表的なものの要点を採り上げ、その上で、それらをめぐる日本での諸論争の系譜を跡付けてみる(1)。

（1）D・リカード『経済学および課税の原理』（一八一七年）

①スミスは、地代の分配法則を捉えきれていない。（序文）

②投下労働価値論を貫徹できず、支配労働価値論に振替えてしまったが、その場合の労働＝賃金という価値尺度は変動するから、理論に値しない。（一章一節）

③生産力改良による富の増加を生産的労働者数増加による価値の増加と混同している。（二〇章）

（2）F・リスト『経済学の国民的体系』（一八四一年）

古典派の価値の理論は、静態的な分配理論にすぎず、動態的な生産力の理論でないから、経済学としては不十分である。（二編）

（3）J・S・ミル『経済学原理』（一八四八年）

骨董品等の価値は、労働価値論によって捉えきれないから、生産費説＝需給説の方が理論に値する。（古典派への疑問）（三編二章）

（4）K・マルクス『剰余価値学説史』（遺稿一九〇五年）

①スミスによる独立商品生産者社会の商品交換における支配労働価値論は、商品価値の貨幣的性格の原基形態を洞察したものとして評価できる。（リカード②批判）（三章一）

②資本制社会の商品価値論としては、正しい分解価値論と誤った構成価値論との二面性があり、矛盾・破綻している。（三章七）

③生産的労働論にも、②と同じ二面性があり、その第一規定は分解価値論に、第二規定は構成価値論に対応し、矛盾・破綻している。（四章三、四）

（5）J・M・ケインズ『雇用・利子および貨幣の一般理論』（一九三六年）

スミスを含む古典派は、重商主義の有効需要創出論等の理論的意味を捉え損ねた。（二三章）

（6）J・A・シュンペーター『経済分析の歴史』（一九五四年）

①スミスの経済学に新しさはほとんどなく、過去の諸論点を総合したにすぎない。支配労働という価値尺度論は、牡牛など何にでも代替可能なものだから、何ら理論に値しない。（リカード②、ケインズの踏襲）（二編六章d）

②労働価値説は、リカード派のように、必然的に社会主義説→マルクス説に陥らざるをえないことになる。（三編四章二）

（7）S・ホランダー『アダム・スミスの経済学』（一九七三年）
スミスの価値論は、リカード→ミルに受け継がれる生産費説として適正に評価されるべきだ。（シュンペーター①批判）（結章）

（8）舞出長五郎『経済学史概要』上・波多野鼎『正統学派の価値学説』（一九三七年）
スミスは、投下労働価値論を資本制社会では放棄した。生産的労働の第二規定は、独立商品生産者社会における商品価値の再生産を規定したものである。（リカード、マルクスの踏襲）

（9）高島善哉『経済社会学の根本問題』（一九四一年）
スミス体系は、市民社会＝労働生産力の体系であって、その自然価格論は、自然法思想によって支えられている。その意味で、独立商品生産者社会＝市民社会の論理としての労働価値論は、不十分ながら維持されたが、混乱もしている。（通説への疑問）

（10）内田義彦『経済学の生誕』（一九五三年）
①分業によって、価値不変の下での商品増産→個別商品価値低下→賃金低下を通して、相対的剰余価値論の認識が資本制社会にも貫徹されている。（後編四）
②生産的労働の第二規定の商品価値には、ケネーと同様に、独立商品生産者＝資本家の生計費としての利潤＝剰余価値が含まれている。（後編六）
③スミスの重商主義批判の核心は、この第二規定による商品再生産分析視座からのゆがんだ再生産構造批判という点にある。（前編四）

(11) 小林昇『国富論体系の成立』(一九七三年)

①独立商品生産者社会と資本制社会とは歴史的・理論的に断絶しているため、後者では前者の労働価値論は放棄されたが、生産的労働の第一規定による剰余価値認識は保持されている。(四章) また、資本投下の自然的順序論は、理論的に破産している。(七章)

②自由貿易論=国際分業論は、イギリス等の先進国に有利な論理であり、それによる重商主義批判も後進国には妥当しない。(八章)

(12) 羽鳥卓也『「国富論」研究』(一九七四—九〇年)

①『国富論』第二版では、構成価値論用語を構成価格論用語に一部改訂したことを、マルクスは、ガルニエの誤訳によって見逃したまま、二面性批判を行ったから、それは誤解だ。(二章)

②それにもかかわらず、差額地代を労働価値論によって捉えきれなかったスミスは、そこに自然的要因を持ち込んだ。(リカード①の踏襲)(五章)

③生産的労働論については、内田②を支持する。(四章) 資本投下の自然的順序論は、当時の北米等の史実に即したものである。(五章)

(13) 星野彰男『アダム・スミスの思想像』(一九七六年)・『市場社会の体系』(一九九四年)

プライド・傲慢等の自己規制論に見られる行為のメリット評価論(『道徳感情論』六版増補)は、市場経済における労働評価論→投下労働価値論と重なる見方であるから、基本的スタンスとして、その価値論視点は一貫している。(通説への疑問)

（14）和田重司『アダム・スミスの政治経済学』（一九七八年）
スミス価値論は、投下労働価値視点を堅持しながらも混乱しており、その意味で、日本の市民社会的スミス論も謎的である。
（15）田中正司『アダム・スミスの自然神学』（一九九三年）・『アダム・スミスと現代』（二〇〇〇年）
①「見えざる手」論は、ケイムズの「自然の欺瞞」論に媒介された自然神学に由来し、それにより自由主義とその合法則性の合理的・科学的解明が可能となった。
②需給関係による現実市場の動態を通して、J・ステュアート→ケインズ型需要創出策の濫用をあぶり出すべき自然法則作用の認識がスミスにはある。

二　スミス価値論批判への反批判

前述の一連のスミス価値論批判・弁護に対する本格的な反批判・反論は、最近の拙著で初めてなされた。そこで、拙著の中から、その要点を列挙してみよう。[2]

（1）スミス価値論は、羽鳥①の論拠とともに、生産的労働の第一規定＝bestowed 概念による付加価値論として、資本投下論や重商主義批判にまで貫徹されているから、その放棄説や破綻説は誤解だ。（通説批判）（一章、二章）
（2）支配労働価値論における価値尺度としての労働は、時間換算を根拠にしているから、賃金のように可変的ではない。（リカード②、シュンペーター①批判）（三章二）

(3) スミスの価値増加論では、労働生産力改良(分業)=労働複雑化等を想定しているから、富の増加を価値の増加と混同していない。その意味でのスミス固有の価値論は、生産力の理論と切断されてもいない。(リカード③批判、リスト批判)(四章)

(4) 生産的労働の第二規定を独立商品生産者論に限定する根拠は何もない。それは、賃金労働者の労働能力=賃金の価値規定であり、第一規定に包摂されるから、そこに剰余価値が含まれないのは当然であり、両規定は、マルクス③の言うような矛盾関係にはない。彼の第一規定理解にも、自らの誤訳による誤読があるため、be-stowed 概念を見失った。また、内田②の第二規定論は、スミスの文章の曲解だ。(通説批判)(二章、五章一)

(5) 労働だけが生産要素とされる独立商品生産者社会は、歴史的一段階でなく、分業社会の抽象化モデルである。また、資本投下の自然的順序論は、商業資本の付加価値生産奨励論も含めて理論的に整合している。(小林①批判)(六章)

(6) 重商主義批判における内田③の再生産構造視点は、前掲(4)の曲解による誇張であり、小林②の自由貿易=後進国不利論も、この構造視点に反論したものにすぎず、ともにスミスの付加価値視点による効率性分析を欠いている。(七章)

(7) 商業労働は、付加価値を生産するのでなく、農工等生産部門の付加価値生産を奨励する役割を果たすから、間接的に生産的である。また、その規模と配置は、市場の需要によって自ずと規制されるから、貿易業等への奨励政策は間違っている。その意味での「見えざる手」は、価値法則認識に相当するものであり、自由競争の下でのより効率的な付加価値生産の増加=マクロ的富裕化の論理を示すものだ。(通説批判)(五章〜七章)

（8）リカード①→羽鳥②のスミス地代論批判は、ミクロ次元のものだが、スミスは、マクロ次元の付加価値形成論には自然的要因をまったく含めていないから、土壌自然力は、その格差によるミクロ的差額地代の根拠説明であるにすぎない。（八章一、九章二）

（9）ケインズ等のスミス重商主義論への批判では、スミスの「見えざる手」＝価値法則認識への無理解に依拠して、重商主義→ケインズの見方が一方的に正当化された。（ケインズへの疑問）（八章三、一〇章三、本章第三節）

（10）労働価値説＝社会主義説は、「見えざる手」や「体系の精神」等に貫かれるスミス人間学への無理解から生じたものだ。（シュンペーター②批判）（十章二、本章第三節）

（11）骨董品等の価値は、差額地代→地価と同じ性質のものだ。（ミルへの疑問）

三　反批判への疑問に答える

前述のような拙著の反批判に対して、現在のところ、新村聡・渡辺恵一・和田重司の三氏による各「書評」が公表され、稲村勲氏の新著でも、度々論評されている。いずれも丁寧かつ内在的であり、拙著のスミス価値論貫徹説を基本的に妥当なものとして肯定的に評価して頂いたが、いくつかの各論的な疑問点も提起された。そこで、本節のテーマをさらに掘下げる観点から、それらに答えてみることにしたい。

（1）新村評によれば、スミスの言う労働生産力改良による生産物の価値増加とは、支配労働量の増加だというのが「内田義彦らの通説」だが、拙著の労働複雑化等＝実質労働時間増という理解は推論の域を出ず、その視点からの通説批判は論証不十分である。[3]

（2）渡辺評によれば、スミスの地代論には、差額地代の他に絶対地代に相当するものもあるはずだが、拙著は、付加価値論との関係を差額地代論に限定している。(4)

（3）和田評によれば、スミスにおける不変資本の価値認識の不備が、自由貿易における不等価交換の分析の欠落に連動している。また、スミスが商業労働に付加価値生産奨励効果を認めたという拙著の理解は、政府の一定の公務サービスにも当てはまるから、その観点によるスミス財政体系の分析もなされるべきだ。(5)

（4）稲村著と和田評によれば、スミスの生産的労働の第二規定についての拙著の理解で尽くされるか？そう理解できるほど簡単なことであれば、これほど長らく論争が続いた訳がないから、多様な解釈の余地も残るはずだ。(6)

（1）新村評への回答

スミスによれば、価値増加の第一要因は、生産的労働者数の増加であり、第二要因は、労働生産力の改良だった。これについて、リカードは、差し当たり労働価値を所与→不変と想定して議論したから、この第二要因を生産物（富）の増加だと理解し、その上で、スミスらは富の増加を価値の増加と混同したと批判した。内田義彦は、このリカードの批判を受け入れた上で、スミスを擁護しようとした。すなわち、スミスの労働生産力改良（分業）論を価値不変の下での富増加→相対的剰余価値生産の論理だとみなし、その剰余価値増加分が支配労働量を増加させると解した。確かに、スミス分業論がその論理を内包していることは推論できるが、価値不変のケースのみに限定したという訳ではない。

しかも、その内田説では、剰余価値の増加は、賃金財価値の減少と相殺されるから、実質的に支配労働量が増える訳でなく、賃金財支配が労働支配に振替わるだけである。その振替え部分が次の生産における付加価値増加に寄与するのだが、そのことをもって価値増加の第二要因だと言うことも通らない。労働支配への振替えは、価値増加の証しでなく、将来の価値増加を可能とする条件だからである。解明されるべきは、第一要因とは別の要因としての、現在価値＝支配労働量を実際に増加させる根拠＝証しとは何か？である。

スミスは、第二要因を分業＝「熟練・技倆・判断力」の向上に求めたから、そこに労働複雑化等を想定したという推論は十分に成り立つ。しかも、労働複雑化等は、同一労働者数・時間の下での実質労働時間の増加を意味するから、労働者数の質的増加だと言える。その意味で、これは、価値増加の証しでありうる。その場合の時間尺度は、直接に投下労働時間量によるのでなく、市場評価＝支配労働価値量による。時間量の換算・測定は、錯綜を極めるため、限られた人間理性能力には不可能だという見方がスミスにはあるからだ。ただし、支配の対象となる労働とは、労働能力であり、これも市場評価によって時間に換算されるから、不変の価値尺度論は一貫していると解される(7)。

この第二要因の理解で重要なことは、スミスが価値増加の根拠をマクロ次元での労働複雑化等（「判断力」等）に求めたことであり、このことは十分に論証可能である。スミスの論証が不十分に見えるのは、その場合の実質労働時間増加の議論を、ミクロ的な工場内分業の中でなく、独立商品生産者社会におけるマクロ的な分業の中でしか行っていないからである。だが、両分業は排他的な関係ではないから、時間尺度は双方に適用できるはずだ。

それでは、なぜスミスが時間尺度論を二つの分業の一方だけで論じたのだろうか？　おそらく、それは、付加価値生産の増加を研究開発活動や流通業等を含むマクロ次元で捉えることによって、「剰余価値」のようなミクロ次元の実体化認識を採らなかったことと深い関わりがあろう。あるいはまた、『国富論』冒頭のミクロ的分業論では、労働生産力改良の物量的効果とそれを支える労働複雑化等という分かりやすい例証だけに止めて、価値論＝時間尺度論については、スミス自身が述べたように、煩雑化を避けるべく意図的に後のマクロ的分業論に回したためでもあるように思われる。

また、次の推論も可能だろう。労働者数一定の下で、労働生産力の向上によって一労働当たりの生産物量が増えるということは、生産物に対する労働時間の何がしかの圧縮を意味する。完全雇用の下で、従来の一日の標準労働時間を維持するならば、全社会的に何がしか圧縮された労働時間が標準労働時間まで延長されるから、事実上、労働時間増＝労働者数増加と同じことになる。これが、労働生産力向上＝労働複雑化等による価値増加の原理論的な意味だったと思われる[8]。

（2）渡辺評への回答

スミスは、鉱山地代については差額地代しか認めなかったが、穀物地代については、絶対地代に相当するものも認めたことは確かである。ただし、その相違の根拠としては、スミスは、それらの土地生産物に対する需要の強度の相違しか挙げていない[9]。そうだとすると、産業先進国モデルにおいては、需要の不十分な鉱山業には未開発鉱山の存在が想定されたのに対して、需要の十分な穀物農業には未開拓可耕地の存在が想定されていなかったと思われる。したがって、最劣等鉱山には差額地代は付かない。

ところが、穀物生産の場合は、穀物に対する十分な需要に応ずるためには、既存の農耕地に対して追加投資が行われなければならない。今、最劣等耕作地に対する最終投資がn次投資だとすれば、その土地への第一次投資から（n－1）次投資までは、n次投資の場合の高穀価より優位に立つから、優等地への投資と同様の効果が生ずる。つまり、その土地で差額地代が無いのはn次投資の場合だけであって、その場合の高穀価は、それ以前の投資分に対して、地主に差額地代をもたらす。

その意味で、その国では最劣等耕作地であっても、そこに追加投資が行われる限り、最終投資以前の投資の場合は、同じ土地が優等地の役割を果たすことになり、それに対する差額地代が生じうる。したがって、最劣等地の場合でも、常に地代があるということになる。これが絶対地代のように見えるものの中身であったと思われる。スミスにとって、絶対地代の分析を期待することは無理だろうが、穀物耕作地の中に前述の意味での差額地代の存在を想定することは、必ずしも不可能ではなかったと思われる。

（3）和田評への回答

和田氏によれば、スミスは、不変資本の価値補塡の分析が不十分だったために、自由貿易において不変資本の割合の大きい先進国の交易条件が有利になり、その割合の小さい後進国が不利になるはずなのに、その分析を欠いたまま、自由貿易の平等互恵性を一面的に過大評価した。したがって、それを批判した小林昇の指摘にも一理あったとされる。[10]しかし、仮にその分析が当たっているとしても、それは一時的なものにすぎず、やがて、後進国から先進国への不等価分の金移動（今日では、為替相場変動）によって交易条件が逆転してしまうから、結果的には、やはり平等互恵ではないかという議論も成り立つはずだ。ちなみに、この平等は、諸国民間の労働複雑度等の格差により付加価値が按分される場合を含んで当然だろう。また、後進国にとって、貿易が存在しない場合や制限される場合と比べて、なおかつ自由貿易の方が不利になるのかどうかの検証も欠かせない。

公務サービスの付加価値生産奨励効果という議論も十分に成り立ちそうだが、そうすると、芸能、医療、宗教その他すべてのサービスにも同様な機能があるということになろう。その一帰結がリスト型の「生産力の理論」＝政策体系ということになるのだろう。そうなると、リストの場合のように、生産的労働や価値論そのものの理論化も不可能となってしまう。したがって、それらの理論化を志向するためには、自ずからそこに一定の歯止めをかけざるをえない。それが抽象化とかモデル形成と言われるものの論拠だろう。十九世紀末の方法論論争はそれをめぐるものだった。スミスの場合も、差し当たり、物的生産・消費の循環的世界に理論モデルを限定している。その枠組の中で、運送業を含む商業労働は、自ら生産しなくても付加価値生産奨励の役割を果たすという意味で、生産的労働だと規定された。しかし、公務サービス等は、その基礎的理論モデルから除かれ、より高次の段階の財政体系モデルに回された。

スミスが、画期的とも言うべきこの二段階モデル構成を着想できたのは、基礎的理論モデルの前提として、道徳的行為秩序モデル（『道徳感情論』）を確立していたことと、価値論体系の形成を目指したことによるのだろう。つまり、その基礎的モデルでは、たとえ公務サービスが存在しなくても、正義の秩序↓市場システムの下で、価値生産力とその循環・再生産が円滑に維持されうるものと、理論上、想定したからだ。その意味で、スミスは、商業労働と公務サービス等とを同一次元で論ずる訳にはいかなかった。

そして、その基礎的モデルを含む総括的な財政体系モデルの中で、公務サービスを、国民全体にとって有用な労働か否かという観点から議論した。ただし、国営事業が市場内私企業と競合する事業を営む場合は、その限りでないが、それらは、元来、民営化されるべきものとされた。このように、基礎的モデルと財政モデルの区別は、あくまでも理論認識上の次元に限られる。また、それと政策遂行上の次元も混同されてはならない。つまり、政策は、両モデルの総括認識を踏まえた上で、具体的諸状況に即して行われるべきものと位置付けられたからだ。この点で、J・ステュアートやリストの経済政策学と方法的にまったく異なることが、十分に留意されなければなるまい。

（4）稲村著・和田評への回答

スミスの「労働」は、「用いられる」、「支配される」等と言われるように、自立化された労働能力という意味で使用されている。すなわち、それは、あくまでも人間側の能力に限られる言葉であって、Arbeitとは異なり、労働生産物に対象化されるという見方を含めていない。その対象化の代わりに、「労働」が原料に投下される（bestowed upon）ことによって、原料の価値に新たな価値を付加する（add…to）と表現した。この「付加する」は、他動詞であるから、「労働」がそれ自身以外の何か別のもの、つまり「価値」を付加するという意味である。これが生産的労働の第一規定である。ところが、この付加「価値」という「労働」自身と別のものの中には、賃金価値も含まれている。そこで、スミスは、家事使用人のようなサービス労働と対比するために、先の場合と同じ製造工の「労働」が、生産物の中に「自らを固定し、実現する（fix and realize itself）」ことによって、商品形態として存続すると表現した。

この再帰動詞中の「自らを」は「労働」を指し、その「労働」は、第一規定で明らかなように、対象化されたArbeitではなく、人間側の労働能力のみを意味するから、その労働能力の価値が商品形態の中に再現するとみなしたことになる[11]。それは、結果的には、対象化の見方と同じことになるが、その場合の対象化は、付加価値のすべてではなく、労働能力の価値＝賃金価値部分に限定されている。これが第二規定の意味するところであった。残りの付加価値部分（剰余価値）の扱いは、その文脈では、第一規定だけに限られ、第二規定とは無関係のままである。つまり、スミスは元来、労働対象化という観点とは異なる付加価値論に立脚しながら、そのうちの賃金価値部分についてだけは、それが労働能力価値の再生産部分であるために、そして、不生産的サービス労働との対比を読者に目に見える形で示すために、労働対象化と同様の掴み方をした訳である。

したがって、スミスの両規定の中に理論上の重要論点が未だ残されていると難詰することは論者の自由だが、所与の文章内に不明瞭な点は何も無い。それは、極めて平明な論理を述べただけだと言える。にもかかわらず、これの解釈が、従来、なぜかくも混迷してきたのか？混迷の原因は、スミス自身の議論の中にあったからではないか？ということが問われている。だが、拙著では、その混迷の最大の原因は、リカードとマルクスという影響力絶大な両人が、スミス固有の付加価値論パラダイム（bestowed 概念）をまったく別のものに振替えてしまったこと、しかも、そこに一部誤解を伴っていたこと、に由来すると解される。その意味で、スミスの混迷と言われたものの大方は、スミスの外部から注入されたものに他ならない。

ところが、これまでの内外のスミス論は、両人の専断的スミス批判をそのまま踏襲してしまったから、スミス論の混迷は避けられなかった。したがって、誰かが、両人の専断を正すことによって、あるいはスミス自身の言説への内在に徹することによって、この混迷が払拭・整理されるのは時間の問題だった。そして、図らずも、拙著がその反批判と払拭・整理の作業を最初に試みる羽目に立ち至った次第である。それでは、何故にそれが今まで誰によってもなされないまま、タブー視され、封印されてきたのか？それに関わる不測の現代史的諸事態については、次節で少しく検証してみたい。

第三節　何故にスミス価値論は封印されたのか？

拙著のようなテーマを採り上げることにどれほどの現代的な意味があるのか？ということを、私はしばしば尋ねられた。拙著の問題提起に対して、真正面からの反論がなされない代わりに、なぜそれほどこだわるのかという形で、問題回避的な、あるいは拒絶反応的な受け止め方がなされようとしている。確かに、その反応は、時代の風潮を表しているのだろう。言うまでもなく、拙著の問題提起は、二世紀以上前の時代の議論をめぐるものだから、現代とは直結しないと答えて済ますことはできる。しかし、それでは先の質問者たちは満足しないだろう。それによって、拙著の問題提起は無視されてしまうだろう。そこで、その質問にできるだけ簡潔に答えられるように、スミスの見方をまとめてみよう。

(1) スミスの時代も今も、人類は、同じ地球上で道徳的かつ経済的な生活を送っている。このことは、誰も否定できない。スミスは、そのうち道徳的生活の論理を『道徳感情論』(一七五九年)に著し、経済的生活の論理を『国富論』(一七七六年)に著した。

(2) 道徳生活も、経済生活も、各々の生活行為によって成り立っている。前者は、生活を成り立たせているすべての良きまたは間違っていない行為から成っている。後者は、それらのうちの経済に関わる限りでの道徳行為から成る。

(3) 経済生活とは、富の生産と消費の生活である。その中では、消費が生活の目的であり、生産は、そのための手段である。消費が豊かになるためには、生産が豊かでなければならない。その意味で、富の原因は、生産にある。

(4) 富とは、差し当たり生産物量であり、それらの物量を購買＝支配できる力の大きさが豊かさである。その力は、通常、貨幣の購買力のことだが、その起源は商品であり、商品は労働によって作られる。したがって、貨幣の購買力は、労働量に比例する。

（5）生産物は、生産財か消費財かのいずれかであるが、仮に貯蓄をゼロとして、所得はすべて消費に当てられるとすると、消費財の価値（価格）は、所得＝純収入と一致する。そして、この部分が年々の付加価値に相当する。

（6）この付加価値は、それを生産する労働・勤労によって形成される。なぜなら、経済生活も、すべて道徳行為だけで成り立っており、非人格的な貨幣や機械や土地等が道徳行為→付加価値生産をすることは不可能だからである。ただし、労働を雇用する元本は資本だから、貯蓄→資本投下が付加価値生産増の原動力となる。

（7）労働の量はいかにして測られるか？ その尺度は、労力と時間だが、前者も一単位の労力を基準にして係数化されうるから、すべて時間に換算できる。したがって、これが不変の価値尺度でありうる。付加価値は目に見えないが、一国の総付加価値量と等しい国民所得＝純収入は、この尺度により測定可能である。

（8）ただし、その測定可能性は、あくまでも理論上のものであり、スミスは、それを人間の理性能力が実際に測定できるという見方を退け、その代わりに、市場活動の中で貫徹される「見えざる手」の法則がそれを的確に測定しているかのように、付加価値配分→資本と労働の適正配置を意図せずして実現するとみなした。

（9）スミスは、労働による付加価値の何がしかを、資産家が利潤・地代として取得するという基本認識に立ちつつ、「見えざる手」による資源配分の効率性を見事に論証した。その上で、具体的諸状況に対する政治家の施策の余地も認めていた。むしろ、政治家のそのような判断のよりどころになりうるものとして、『国富論』を著したと言える。

（10）そのことは、政治力による無原則な市場介入やその改革を認めないということをも意味する。市場の自由競争が、効率性一本槍でなく、堕落しやすい人間の弱さ（モラル・ハザード）を矯正しうる機能を備えていることをも、スミスはよく見抜いていた。それは、他者としての観察者たちの同感・反感機能による自己規制の倫理学の経済版である。

これらがスミスの見方の要点である。その大部分は、中学生にも理解できそうな基本的な事柄ばかりである。ところが、不思議なことに、専門的な経済学者がこの事実を認めようとしないか、あるいは見て見ぬ振りをしてきた。そこで、このような見方がもし現代にも適合的であるとした場合に、それでは、なぜその見方が現代に継承・普及されてこなかったのか？という疑問が自ずと生ずるだろう。その研究史上の理由については、すでに論じてきたので、ここでは、その論点に限られない世界史的・現代的状況の中での論点について考えてみよう。

前述のスミスの見方が素直に、あるがままに理解・継承されてこなかった大きな理由の一つは、投下労働にもとづく付加価値論が、マルクス→シュンペーターに代表されるように、搾取論としての資本主義批判→社会主義の理論として受け止められてきたからである。シュンペーターによれば、「ある著者が、労働は富の唯一の源泉であり、あらゆる商品の価値は労働時間のタームで表明されるという考えと、労働それ自体は一つの商品であるという考えとを結びつけるや否や、彼は市場機構が労働者から、「労働者」の生産物の労働価値とその生産物に投ぜられた仕事量の労働価値との間の差額を、奪い取るという結論に引きずり込まれざるをえないことになるのは、注目されるべき点である。細目をしばらく措いて、これこそマルクスの搾取の理論である。[12]」

当然ながら、搾取理論をあからさまに肯定することには、ある後ろめたさが伴わざるをえない。そのため、古典派の労働価値論は、一義的にリカード派社会主義を経てマルクスによって継承されたとみなされ、私有財産制＝市場経済＝資本主義に対する批判の根拠と解されてしまった。それにとって代わって、効用価値説や生産費説が台頭した。これらが、その後の内外の大多数の経済学者たちをして、スミスの投下労働価値視点を黙殺・封印させてきた一大理由だったと思われる。

しかし、スミス自身は、近代市場経済における投下労働価値論がこのような搾取の論理を内包することをある程度は承知の上で、搾取を否定する体系の可能性をあらかじめ退けていた。それは、彼の両著に含まれる「自然の欺瞞」→「見えざる手」論や「体系の精神」批判論に如実に示されていた。ただし、かつての階級格差の顕著な時代には、そのようなスミスの視点が仮に十分に理解されたとしても、必ずしも説得力を持ちえなかった。それほど、当時は、労働搾取理論の論理的かつ現実的な説得力が強かったと言える。また、その理論の普及が極端な格差に対する歯止め→縮小化として機能したことも事実である。

ところが、同時に、この搾取理論による資本主義変革→社会主義建設が、スミスの先の議論で見通していたとおりの不幸な結果（モラル・ハザードの極致）をもたらしてきた。搾取を否定する社会は丸ごと人間性否定の社会をもたらすことが、議論の余地なく誰の目にも明らかな事実となってしまった。結果論で言わせてもらえば、総じて、スミスの人間・社会観の方が、労働搾取論＝社会主義説よりも説得力＝信憑性を有していたのではないか？社会主義説の人間・社会観に何か根本的な欠陥があったのではないか？それは、人間の性、つまり無制約的権力者の野放図な傲慢とそれによる人権蹂躙・卑屈の病理（歴史の逆行）の必然性をよくわきまえていなかったのではないか？経験的な人間本性分析を回避するア・プリオリ（超経験的）な方法が、その人間・社会観の根底を支えていたからではないか？

たとえば、マルクスは、経済学についてはスミスよりもはるかに広くかつ深く研究したが、人間学については丁度その逆が当てはまる。そのことは、とくに、青年マルクス『経済学・哲学草稿』（一八四四年）のア・プリオリな人間観とスミス『道徳感情論』の経験論的な人間論とを対比すれば、歴然としている。そして、マルクスが市場経済の本来の意味を評価し損なったことは、もはや明白だが、それは、彼の経済学の失敗によるというよりは、その人間本性観のア・プリオリな観念性に起因するようだ。主としてそのことが、彼の市場社会・経済観を見誤らせた究極原因であるように思われる。すなわち、何がしかの搾取に伴う非人間性よりも、その体制＝市場経済を廃絶することに伴う非人間性の方がはるかに深刻な問題を引き起こすことを、これも結果論だが、マルクスは多分に過小評価していたからだ。

その意味で、マルクス体系にあっては、管理型計画経済の問題性分析を自己の体系の基軸に織り込まないまま、道徳哲学体系が失われた環となっていた。それに対して、スミスは、「体系の精神」・「改革の精神」の「傲慢」への批判等において、その類いの危険性をよく察知していた。スミスの古典的・近代的人文学への半端でない識見とそれを可能とさせた時代的・文化的背景が、彼の道徳観とその一環としての経済観を根底から支えていた。その意味での道徳哲学が、前述の懐疑的・相対的な見方を可能とさせたのではないだろうか。そうだとすると、その「見えざる手」論は、俗に言われる楽天的な議論ではなく、重商主義や国家社会主義を含む政治＝国家主導型の体制に対する懐疑的な見方＝アンチ・テーゼとして提起されたということが見えてくるはずだ。

マルクス経済学者はもとより、シュンペーター等の近代経済学者や学史専門家の大部分も、そのことを十分には理解できていなかったし、そうしようともしなかった。わずかにスミス市民社会論研究の中で、前述のようなスミスの人間本性観の広さと深さが注目されてきたにとどまる。もちろん、それ以外の人文諸学の中でもそのような認識の努力は行われてきたが、それらは経済学とはほとんど無関係だった。それらのうち、ただスミスだけが、その人間本性観を踏まえた上で、本格的な意味での経済学を展開していた[13]。スミス付加価値論体系を、そういう視点から見直す必要があるのではないだろうか。また、その意味で、前述のシュンペーターによる一義的労働価値論解釈は、搾取理論の幻影に囚われた過剰反応の一例と言うべきであって、少なくともスミス付加価値論体系に対しては適切とは言えないということに相成る。

スミスの価値論が封印されてきたもう一つの現代的事情には、金本位制から管理通貨制への移行とケインズ経済学の普及が挙げられる。なぜなら、スミス価値論には、金本位制の下での市場経済において貫徹される商品生産・配分の自動調節作用＝「見えざる手」の認識があるからだ。その認識が、国家主導型の管理通貨制度とそれに適合するケインズ理論の台頭とによって、現実的にも理論的にも葬り去られてしまった観がある。金本位制の下ではスミス的価値論論議が適合したようだが、管理通貨制度の下ではケインズ的マクロ政策論議の方がより適合的に見えることは確かだ。

このケインズの認識には、スミスの「見えざる手」にとって代わる人間主体性の役割評価がある。例えば、人間の貨幣愛好が貨幣退蔵を促すことによって有効需要の不足をもたらし、その不足を補うための政府の有効需要創出政策を提言するという場合である。スミスにも人間主体の見方があったが、それは、「見えざる手」によって調整されうる枠組みの中でのものだった。ケインズは、そのような「見えざる」調整機能にもはや信頼を置くことができなかったから、彼の経済学は、目に見える政策主体が前面にまかり出るものとなった。

しかし、昨今のバブル崩壊等の経済現象は、たとえ管理通貨制度の下にあっても、「見えざる」自然法則（価値法則）の存在をまったくは否定できないことを示している。つまり、それを無視した人為的介入政策による逸脱は、その「見えざる」法則の力によって、本来あるべき軌道に引き戻されつつあるかのようだ。実体経済の身の丈を超えたケインズ流の貨幣的需要創出政策が、所詮は、バブル的体質を助長するものであることが全世界的に証明されてしまったかのようだ。(14)

また、その人為的な介入政策がモラル・ハザードとその矛盾をもたらしたという点では、国家管理型社会主義の崩壊と相通ずるところがある。いずれも、本格的な人間本性分析を欠いていたために、経済政策を人間主体に過度に委ねた場合の落とし穴におよそ無頓着だったことだ。スミスは、腐敗に陥りやすい人間の性を、『道徳感情論』で十分に解明し、その解決策を見通した上で経済を論じた。その「見えざる手」は、腐敗に対する防止策でもあった。そして、この視点を生かそうとすれば、現代に生かせた可能性を自ら封印することによって、それに伴う逸脱のツケを払わされている。ケインズ経済学の最大の問題点は、この「封印」効果にあったと言える。そういう視点からも、スミスを見直すことが求められる。

元を正せば、スミスの「見えざる手」は、重商主義やJ・ステュアートの人為的介入政策や有効需要創出策の恣意性に対する批判視点から提言されたものである。そして、その観点から彼の投下労働価値論にもとづく市場経済観が提起されたことを、正確かつ素直に評価し直す必要がある。その見方は、このような事情によりこれまで封印されてきたが、二十世紀末に一つの時代が幕を閉じたのである。現在は、「大転換」（K・ポラニー）とは逆の反転換の時代を迎えているとすれば、内外の学界がその反転換に適応しきれていないだけのことだと思われる。拙著の問題提起に対して、なぜ今の時代に?と問う者は、自らが「大転換」時代のイデオロギー状況→冷戦思考に未だ囚われていないか?を自問してみる必要があろう。

このような私の回答に対して、それは、地球規模の環境問題という今日的な課題から見て時代錯誤ではないか?という反論が当然ありうる。これについては、かつて論じたことがあるし、先に列挙した「要点」の中では、道徳論や政治論としてそれを受け止めるほかには、対応不可能な問題である。少なくとも、投下労働による付加価値論が客観的な経済理論である限り、環境問題によってその理論の内容が変わるという性格のものではなく、市場経済の価値法則がその対応策の度合に応じて修正されるだけのことだ。また、その問題は、スミス経済学だけが負うべき課題でもないから、本章のテーマとは一応区別されるべきだろう。

また、もう一つのより有力な時代錯誤論としては、現代における高度の科学技術化や情報化・サービス化の問題が挙げられる。しかし、それらは、労働の内容が高度化=頭脳化しただけだから、労働による付加価値論と何ら矛盾しないはずだ。それを矛盾すると言う論者が、何か勘違いをしているのではないだろうか。要するに、ロボットであれ、ITであれ、そういう非人格的なものが何かの働きをする訳ではなく、生活主体としての人間の働きだけが何かを生み出しうるというのがスミスの見方だからである。また、サービス労働については、すでに概括的に論じたことがあるが、その内容如何にかかわらず、スミスの付加価値論の見方が覆されることにはなるまい。

他方では、近年、ますます「人的資本」や「知的財産」の見方が主流になりつつあるが、これは、経済学がスミスの労働による付加価値論の見方に接近する動きであるように思われる。あるいは、スミスの見方が先の事情によって継承されてこなかったために、その代替理論として「人的資本」が提起されたとも言える。しかし、物的資本と「人的資本」の原理的な相違を突き詰めていけば、それは、やがて、スミスの見方と同様の見方に収斂される他はなくなるのではないだろうか。

なぜなら、それは、スミスの言う「労働（能力）の価値」を「人的資本」等と言い換えたにすぎないものだからである。しかも、「資本」という限り、付加価値の源泉は、物的資本と混同されることにより、原理的には一元化されえないからだ。つまり、貨幣とか機械とか土地が付加価値を生産するという擬人的な見方を依然として残すことになるからだ。その意味で、これも、先の搾取理論の幻影に囚われた過剰反応の一例だとみなされうるからだ。

近年の世界において、「見えざる手」の復権が叫ばれるようになったが、それは、単なる規制撤廃→自由放任を意味するものでなく、より効率的な労働による付加価値生産→配分の自然法則（価値法則）に委ねざるをえず、したがって、政策もそれに即応したものとされるべきだというスミス本来の見方の復権を意味するものと解されなければなるまい。ただし、誤解を招かないように付言するならば、そのことは、経済法則の原理的認識方法として妥当しうることであって、先の環境問題で触れたように、道徳や政治の側での具体的な対応の余地を排除するものではない。また、そのことは、本節冒頭の各「要点」にも示したとおりである。

【注】

（1）各文献各項末の（…）内は、当該文献の典拠章節、および私の注釈を示す。

（2）星野彰男『アダム・スミスの経済思想――付加価値論と「見えざる手」――』関東学院大学出版会、二〇〇二年。

（3）新村聡、星野著への「書評」『経済学史学会年報』第四三号、二〇〇三年六月。これに対する以下の回答は、星野「新村氏の書評に答える」『経済学史学会年報』第四四号、二〇〇三年一一月、に若干加筆したものである。
（4）渡辺恵一、星野著への「書評」『京都学園大学経済学部論集』第一二巻三号、二〇〇三年三月。
（5）和田重司、星野著への「書評」『経済系』（関東学院大学）第二一六集、二〇〇三年七月。
（6）稲村勲『「国富論」体系再考』御茶の水書房、二〇〇三年、八九―九〇、一一三頁。和田、前掲書評、九二頁。
（7）星野「支配労働価値論をめぐるスミスとリカードの相違」『経済系』第二一四集、二〇〇三年一月、五一―五頁。〔本書、第五章第二節〕
（8）星野『市場社会の体系――ヒュームとスミス――』新評論、一九九四年、一九八―二〇三頁。労働生産力論の理解については、渡辺、前掲書評、九四―六頁、和田、前掲書評、九二―六頁、稲村、前掲書、二〇―九頁、をも参照されたい。ちなみに、「労働生産力（productive powers of labour）」は、「生産的な労働諸能力」という意味でもあるから、「労働能力」の改良を含意する。
（9）*WN*, p.178. 水田・杉山訳（一）、二八四頁。
（10）和田、前掲書評「表2」（九八頁）では、名目上の賃金引上げが「付加価値」を引下げるとされたが、それは「利潤」を引下げるだけではないか。
（11）この再帰動詞の指摘は、星野、前掲書（二〇〇二年）三一―三頁にもあるが、見解の相違が依然として残るのは、「労働」という言葉の理解の微妙な齟齬によるようだ。なお、第二規定＝賃金説によって内田義彦の過剰解釈を指摘した先駆的研究として、山田秀雄「生産的労働について――スミスの二重規定を中心に――」『経済研究』第六巻一号、一九五五年、六〇―一頁、がある。
（12）Joseph A. Schumpeter, *History of Economic Analysis*, London, 1954, pp.479–80. 東畑精一訳『経済分析の歴史』岩波書店、第三巻、一〇一〇頁。
（13）山崎怜「経済学の「生誕」と「成立」について」『岡山商大論叢』第三九巻一号、二〇〇三年六月、一一一―三頁。
（14）星野、前掲書（二〇〇二年）二五―七頁。田中正司『アダム・スミスと現代』御茶の水書房、二〇〇〇年、五章は、これを主題としたが、スミス理論を「形而上学」（九九頁）としている点には同意できない。なお、価値法則論としての「見えざる手」論については、高須賀義博『現代価格体系論序説』岩波書店、一九六五年、一七―二〇頁、参照。

第七章　価値法則としての「見えざる手」

第一節　「価値法則」論争とその問題点

一　社会主義「価値法則」論争

価値法則概念がタブー化し、死語となりつつあるようだ。そこで、戦後日本のこれをめぐる論争を手掛かりとして、この概念の意味を再検討してみたい。

（1）都留説（1）[1]

本論文は、一九四三―四四年にかけてレオンチェフ、オストロヴィチャノフ等のソ連内部の経済学者から、社会主義社会にも価値法則が妥当しうるという問題が提起され、アメリカでもそれが注目され、ランゲ、バラン等がこの論争に加わったことをも紹介しつつ、それらの論点を整理し、この問題提起の意味を認め、そこに経済学の新しい課題があるという見解を表明したものである。

（2）鈴木説[2]

本論文は、前掲の都留論文を受け、マルクス、レーニン等の社会主義の定義（＝共産主義の第一段階）に立脚して、資本主義に固有の価値法則は原理論的な意味では社会主義社会には妥当しえないが、複雑労働の還元問題には利用できるし、そうすべきであることを説く。また、ソ連の学者は以前に同様の見解を表明したブハーリンを批判したが、今ではブハーリンと同様の説を唱えている矛盾を突いている。

（3）高島説（1）[3]

本論文は、体制概念を構造連関として捉えた上で、資本主義体制の経済法則として、効用価値論や均衡理論と対比しつつ、評価作用と価値創造作用の統一という点で古典派―マルクスの労働価値法則＝等価交換法則の優越性を強調する。その上で、前記の問題提起に対しては、価値法則が歴史的概念である限り、社会主義社会でのその妥当性を論ずることは方法論的誤謬であると言う。

（4）都留説（2）[4]

本論文は、都留（1）論文の大幅増補版だが、その増補部分で、この論点が一九三〇年代の社会主義経済計算論争と重なることに着目する。その上で、ミーゼス、ハイエクのように、「生産手段が私有されているのでなければ合理的な経済計算はできない、というのであれば、社会主義社会では合理的経済計算はできないという結論がでてくるのは当然である。しかし、この点については既にランゲ等によって十分な論駁がなされた[5]」と述べ、ランゲ等の議論とレオンチェフ等の議論との「歩みより」を強調する。

（5）高島説（2）[6]

本論文では、そのタイトルと同じ表題の第三節が高島（1）論文から全面的に変更された。その上で、「われわれは価値法則におけるスミスとマルクスの関係―その一致点と差異点―を究明することによって、市民社会と資本主義体制との関係を一つの側面から明らかにしようと努めてきた。……／……社会主義社会においても価値法則の妥当は認められなければならない…。それは、社会主義社会においても市民社会が消滅しないで、依然として存続するという思想と結びついている」(7)とされた。

二　論争における価値法則認識の問題点

(1) 都留説の問題点

都留は価値法則をもっぱらマルクスの説として提起した。したがって、それは、労働搾取の論理、市場の無政府性、物神崇拝性等の否定的契機を内包しながら、同時に、資源配分や利潤率の均衡化とそれに伴う価格メカニズムの効率化作用という、肯定的契機をも内包するものとして理解された。社会主義社会は前者の否定的契機を克服するために出現したが、同時に、後者の効率化作用までもが克服の対象とされてきたことの問題点が、ソ連内部から提起されたことに都留は着目し、これを高く評価する。また、それが一九三〇年代の経済計算論争の一方の論者であったランゲの議論と重なることを認めている。

このような都留の議論の疑問点は、スミスの価値法則視点への目配りが皆無だということである。そしてそのことにより、都留の議論全体が一面的なものとなり、ハイエク等の議論を退けたランゲの議論に組みすることともなり、先の問題の意味分析と批判的解明をなしえずに終わった。また、その視点は、都留の資本主義論における壊れたバロメーター（価格メカニズム）と、それを修復すべき集計概念（マクロ政策）という枠組みと重なることになる。

（2）鈴木説の問題点

資本主義に固有の法則としての価値法則の否定的側面を強調する鈴木は、共産主義の第一段階としての社会主義社会では、その法則は妥当しえないものと理解し、都留説を批判する。ただし、労働評価についてその適用可能性を認めている点は矛盾している。また、価値法則の効率化作用を克服するはずの社会主義理解が、余りにも空想的かつ教条主義的である。ただし、そのことは鈴木が度々引用し、依拠するマルクス等の議論にも当てはまる。

（3）高島説の問題点

高島説はマルクス一辺倒でなく、スミスの議論をかみ合わせた点が評価できる。その点での価値法則認識は高島（1）論文と（2）論文とで変わってはいないが、その法則の社会主義社会での妥当性の判断が逆転している。その論拠がそこでの市民社会の可能性に置かれている。そこでは、価値法則が効率化作用の側面よりは労働の等価交換原則に力点を置いて理解された。その意味で、市民社会が価値法則貫徹のいわば理念型として位置付けられた。

しかし、このような価値法則認識は一面的であるし、スミスに即しても正確ではない。なぜならば、スミスは彼なりに労働による付加価値視点を貫徹させた上で、「見えざる手」による価格メカニズムの効率化作用を捉えていたからである。ただし、この理解の欠落は、高島だけのものではなく、近年に至るすべてのスミス論に共通するものであった。したがって、これの正確な理解を踏まえた上で前述の議論を再検討すれば、前記諸論者の議論とはまったく違ったものとならざるをえないはずである。

第二節　価値法則としての「見えざる手」

一　『国富論』の価値法則論

スミスは重商主義と重農主義を論じた『国富論』第四編の末尾で次のように言う。

「特別の奨励によって、ある特定種類の勤労に、その社会の資本のうち自然にそこに向かうだろうよりも多くの部分を引き寄せようと努めたり、あるいは特別の制限によって、ある特定種類の勤労から、その資本のうちさもなければそこで使用されるだろう部分を引き離そうとする体系はすべて、実際には、それが推進しようとしている大きな目的を破壊する。それは……土地と労働の年々の生産物の実質価値を増加させずに、減少させる。／したがって、優先の体系であれ、抑制の体系であれ、すべての体系がこうして完全に除去されれば、明白かつ単純な自然的自由の体系が自ずと確立される。だれでも、正義の法を侵さない限り、自分自身のやり方で自分の利益を追求し、自分の勤労や資本を他のどの人またはどの階層の人々の勤労や資本と競争させようと、完全な自由にゆだねられる。主権者は、遂行しようと企てれば常に無数の迷妄にさらされ、また適切に遂行するためには人間のどんな知恵も知識も十分ではありえないような一つの義務から、すなわち私人の勤労を監督し、それをその社会の利益に最もかなった使途に向かわせるという義務から、完全に解放される(8)。」

スミスのそのような見方を裏付けていたのが「見えざる手」（第四編第二章）の観点であるが、その文脈では、次のように言う。

「自分の資本を国内の勤労の維持に使用するすべての個人は、必ずこの勤労を、その生産物ができる限り大きな価値を持つように方向づけようと努める。／勤労の生産物とは、勤労が使用される対象すなわち原料に対して、その勤労が付加するものである。この生産物の価値の大小に比例して、雇用主の利潤も、同様に大きかったり小さかったりするだろう。しかし、人が勤労を支えるのに資本を使用するのは、ただ利潤のためである。したがって、人は生産物が最大の価値を持ちそうな勤労を……支えるのに、資本を使用しようと常に努めるだろう。／……自分の資本が使用できるのはどんな種類の国内勤労であるのか、また、どんな種類の国内勤労の生産物が最大の価値を持ちそうであるのかということを、どの個人も自分の身近な状況の中で、どの政治家や立法者が自分の代わりに判断してくれるよりも、はるかによく判断できることは明らかである[9]。」

前記のようなスミスの付加価値論と「見えざる手」の観点が彼なりの一つの価値法則論であり、それが後のマルクスの価値法則論にとっての有力な一想源となったことは明らかである。ところが、スミスのこの視点はどこかに埋没し、それに代わって〈神の見えざる手〉という、それ自体としては価値法則視点と無縁な解釈が流布することとなった。

結果的にそのような解釈を促した文献としては、とくに、（1）D・リカード『経済学及び課税の原理』（一八一七年）、（2）K・マルクス『剰余価値学説史』（遺稿一九〇五年）、（3）J・A・シュンペーター『経済分析の歴史』（一九五四年）、を挙げることができよう。このうち、都留は（2）と（3）の著者、鈴木は（1）と（2）、高島は（2）から、とくに大きな影響を受けたように思われる。その結果として、この論者たちはいずれも、価値法則認識だけでなく社会主義評価をも見誤ることとなってしまった。

スミス的価値法則視点によれば、ソ連社会主義内部の当事者が価値法則利用の必要性を認めざるをえなくなった時点で、はしなくもその社会の矛盾と限界が露呈されたはずだが、先の論者たちは、スミス理解の不徹底または誤読の結果として、遺憾ながらその点についての洞察不能に陥ってしまった。ただし、価値法則視点の有無という点においてスミスとハイエクとが異なることは言うまでもない(10)。

二　「見えざる手」の道徳的根拠

「見えざる手」がそのような体制法則概念であったにもかかわらず、単なる自由放任政策レベルのものとしてしか受け止められてこなかったところに、あらゆる混乱の原因があった。かくして、スミス理論は諸々の批判という試練をくぐり抜けて、その信憑性を獲得しつつある。その有力な論拠の一つは、「見えざる手」の下では、重商主義等の政策介入が恣意的に行われた場合と比べて、「土地と労働の年々の生産物の実質価値を増加させる」からである。そして、その根拠が労働による付加価値だとされたが、それらの労働の能力と量とが一定であれば、実質価値の恒常的増加はありえない。労働の量が増加すれば、国民全体の実質価値は増加しうるが、一人当たりのそれは増加しない。したがって、国民全体としても一人当たりとしても、実質価値が増加しうる場合とは、国民全体の労働能力の平均水準が向上する場合に限られる。そして実際に、スミスは分業による「熟練、技倆、判断力」改良の論証によって、その可能性を提示していた。その分業を最大限に可能とさせるのは市場での自由な取引であるから、そこに働く「見えざる手」が実質価値増加の根拠とみなされた訳である。

その後、この市場経済観に対しては様々な批判が向けられてきた。その最たるものは、市場での需給不均衡の恒常化や拡大という問題である。しかし前述のように、「見えざる手」が単なる自由放任政策論でなく、体制的価値法則論であるとすれば、この問題点の指摘によって「見えざる手」の働きが否定されることにはなるまい。なぜなら、いかなる不均衡も価値法則の枠内での不均衡である他はないからである。したがって、その不均衡の是正策（ケインズ）も、所詮、お釈迦様の手のひらの中の孫悟空のようなものだろう。その意味では、ケインズ経済学はスミス経済学に取って代わるものではなく、それを補完しうるにすぎない。ところが、これを取り違えてきたため、「ケインズ派経済学」の挫折を余儀なくされることとなった。

市場経済に対する批判のもう一つの潮流は、自由に伴う諸々の不正、不公平、腐敗等の道徳的問題である。しかし、これらについては、スミスは『道徳感情論』によってほとんどの問題に解答を与えていた。また、自由を否定する統制経済がいかに人権蹂躙やモラル・ハザードの極致をもたらすかを私たちは目の当たりにしてきた。スミス自身は必ずしも自由一辺倒ではなく、分業の弊害の是正策としては、政府による教育政策の必要性を力説していた。商業社会＝市場経済における人間の堕落の可能性についても危惧していたが、その打開策としては、いわば毒をもって毒を制する類いの観点を提示していた。つまり、市場競争の弊害の打開策を競争環境そのものに求めたのである。

「われわれの諸道徳感情の適正は、寛大で偏愛的な（partial）観察者が身近にいて、利害関心がない公平な（impartial）観察者が非常に遠くにいるときほど、腐敗させられる可能性が大きいことは決してない。(11)」

これは、極端な党派心や狂信を批判する文脈で述べられたことだが、産官癒着等のモラル・ハザードにもそのまま当てはまる議論である。政府であっても企業であっても、多数の偏らない観察者たちの目に開かれた競争環境の中では、否応なく自己規律の徳を身に付けざるをえなくなると言う。ただし、政府には権力（＝独占）が伴うから、できるだけ民間企業活動＝市場経済に依拠せざるをえないという見方になる。かくして、道徳心の確立と経済的富裕化とが「見えざる手」の観点において両立しうる展望が開かれたと言える。

第三節　新村氏の質問に答える

私の学会報告[12]への討論者・新村聡氏の質問に対して、本章のテーマを深める観点から回答する。新村氏は私のスミス価値論貫徹説という理解に基本的に同意した上で、下記四点について質問した。

（1）「『国富論』の基本命題」とは何か

一九八六年から米国の学界で、知識論等を含む「内生的（endogeneous）成長論」が提起され始めたが、これは元来、『国富論』の基本命題であった[13]。それがリカード的価値一定論という静態的枠組みに振り替えられてきたために、理論的限界に陥り、この基本命題の枠組みの復活を余儀なくされたと言えよう。ただし、スミスのその命題には本章テーマの視点の裏付けがあったが、現代の内生的成長論にはそれが欠けている。なお、以下の（4）をも参照されたい。

（2）「商業社会」とは何か

スミスの四段階論は法制史的枠組みによる「法学講義」で語られたようだが、この「講義」はスミス本人による著作ではないから、そこで語られたことを前提して議論することは控えるべきであろう。なぜなら、スミスはその後、歴史的枠組みを理論的なそれに切り替えた可能性があるからである。現に、『国富論』での四段階論は第五編の統治史論で僅かに言及されただけであり、これは、第一編の議論から見れば、付随的性格のものである。したがって、第一編での「初期未開状態」とは、理論上の本源的（original）状態（抽象的モデル）を意味するものであり、歴史的四段階論の第一段階と直接の関係はないものと解する。

（3）二つの投下労働概念

商業社会（初期未開状態を含む）では、価値を付加すべき原料（資本）価値が存在しないと想定されたから、そこでの労働生産物の価値は労働能力の支出と等しい。したがって、そこでの労働は旧価値に新価値を付加するのでなく、支出された労働能力の価値そのものが生産物価値なのである。その意味で、bestow は使えないので、employ を使った訳である。ただし、スミスは資本制社会（文明社会）で employ を bestow と同様に使っている場合もあるが、それは employ された労働が（bestow されることによって）価値を付加するという用法だから、理論的に混乱している訳ではない。

（4）労働の技能・熟練の増加は、生産される使用価値量だけでなく価値量をも増加させるか

この問いはまさに（1）の問いと重なる。スミスにとっての一大課題は、ある国にとって、労働量が増加しなくても豊かになれる論拠は何かということである。しかし、使用価値量＝物資の豊かさだけでは、水とダイヤモンドの例のように豊かさの程度を比較できない。そこで、スミスは共通尺度としての労働価値量でもって、生産物商品の豊かさを測ろうとした訳である。労働は「労苦と煩労（toil & trouble）」と言われたように、肉体労働と精神労働の二側面を含む。スミスはこの意味での労働をある基礎単位に還元して、その係数を時間に換算した。そして、商品の価値

量はこの時間に比例すると見なした。したがって、労働の高度化＝複雑化による実質労働時間の増加が価値増加の原因だと見なしたことになる。その見方はスミスの「才能」論にも示されている。このようなスミスの基本命題を押さえておくことが、すべての議論の出発点になる。

仮にある商業社会の総労働量が二倍になれば、同規模の二国が合邦した場合のように、総労働価値量もほぼ二倍になるだろう。それと同様に、総労働の複雑度が平均二倍になれば、一人が二人分の労働時間と等しい労働をするのだから、総労働量が二倍になったのと同じことである。新村氏は労働の複雑度が等しく二倍になっても、「商品相互の相対価値や価格はまったく変化しない」と言うが、それでは、総労働量が二倍になっても、総商品価格はほぼ二倍にならないのだろうか。たとえ個別商品価格が低下しても、その低下率を上回る率で商品総量が増加すれば総価格は増加する。これがスミス商業社会の論理のはずだ。そこでのスミスの基本命題は、労働の質的n倍化を量的n倍化に還元することによって労働論を量的に一元化したところにある、というのが私の理解である。このような理解がこれまで皆無だったことは、まことに不可解なことだ。ちなみに、欧米主流派のように労働不効用論を採ると、労働時間量との二元化論に陥ってしまう。

しかし、その不可解な現象の原因は明白である。それはリカードが意図的に労働能力不変と仮定した上で、スミスの労働能力改良論を無視して、スミス等が富の増加を価値の増加と混同したと一方的に批判したからである。しかも、学史上の権威者リカードのこの批判には、マルクスを含め誰も疑問を表明せず、暗黙のうちにこの批判を受け入れてきたためである。新村氏の先の「価格はまったく変化しない」という理解は、リカード以来のこの通説を前提したことに起因すると思われる。しかし、スミスにとっては個別価格が問題だったのではなく、個別生産者＝所有者側の総価格増加の原因が問題だったのである。

したがって、新村氏は私のこのスミス理解に疑問を向ける前に、先ずリカードの先の混同論の当否を問うべきではないか。その混同論は果たして論証に耐えうるのだろうか。スミス側に反論の余地はまったく認められないのだろうか。私のこの理解に対して、新村氏は「明確な文献的証拠」を求めている。それは『国富論』第一編の分業論における「才能」論等に度々示されており、また、第四編の収入増加論もこれを傍証しているが、ここでは、第四編第二章の「見えざる手」の文脈直後から、その一例を挙げてみよう。

「彼ら（仕立屋、靴屋、農業者）は皆、自分たちの勤労のすべてを隣人たちより何か有利な仕方で使用し、その生産物の一部で、あるいはそれと同一のことだが、その一部の価格で、何でも自分たちの必要とする別のものを購入する方が利益になることを承知している。／……勤労が振り向けられている商品の生産よりも明らかに価値が大きい商品の生産から、こうして勤労がそらされている場合には、勤労の年々の生産物の価値が多かれ少なかれ減少することは確かである。……その国の勤労は…より有利な用途からそらされて、より不利な用途に振り向けられ、その年々の生産物の交換価値は……必然的に減少するに違いない(14)。」

この引用文は国際分業の利益を唱えているという意味で、第四編を通ずる基本的な視点である。そこに示された観点は、先ず非分業と分業との間に勤労生産力の著しい格差が存在することであり、その場合と同様に、分業業種間での勤労生産力の高い業種の方が低い業種より当該生産物商品の総価値＝価格も大きく、したがって、利益も多くなるということである。ここでは、「勤労（industry）」以外の価値要因は存在しないから、「価値が大きい商品」の原因は勤労価値以外にはありえない。したがって、「勤労を……有利な仕方で使用する」の意味は、勤労価値の低い非分業業種から勤労価値の高い分業化業種に職を変え、できるだけ自分の最も得意な分業、すなわち、自分の才能（熟練、技倆、判断力）の改良の最高度なあり方に専念することを意味する。そのことによって、その勤労価値がより高度化し、その生産物商品の総価値＝価格がより多くなることを明言した[15]。このことは、在来商品の生産増（個別価値低下）と高品質（高付加価値）製品へのシフトとの両面で行われうる。

スミスの議論は、このように勤労生産力の格差の存在を前提しながら、より多くの利益を求める方向へと労働能力の配置とその不断の改良が促進されていく中に、一国民の「勤労の年々の生産物の価値」が増大する原因を見出した。したがって、労働能力改良を議論の前提からはずしたリカードやマルクスの価値論体系と能力改良を組み込んだスミス体系とが異なるのは当然のことだ。しかしその相違は、リカードとマルクスの体系が能力改良の論理をその前提からはずしさえしなければ、私の理解するスミス体系と同様のものになるという推論を妨げはしない。

ただし、スミスは複雑労働の時間換算を正確に算出できるとは言っていない。それができると考えるのは人間能力の過信であって、それに代えて、市場での不断の取引の中での市場参加者相互の労働評価によって、「見えざる手」が働いているかのように、ほぼ過不足なく各労働の時間換算が行われていくものだという言い方をした。その評価には多少とも不公平が避け難いとしても、やがて過小評価された業種からは労働が引き上げられ、過大評価された業種には労働が引き寄せられるから、相互に相殺され、本来あるべき水準の評価→時間換算が市場内で自生的に行われていくという周知の見方を採っていた。スミス固有の「見えざる手」論の起点はここにあった。

リカードにとっては、利潤と地代との分配の相殺関係を論証することが、マルクスにとっては、賃金と利潤との相殺関係を論証することが、最大のテーマであった。それらの場合には、価値一定と仮定しておいた方が相殺関係をより明晰に分析できる。そこで、両者とも労働能力改良の論理を捨象して、それを差し当たり一定と仮定した訳である。それに対して、スミスにとっては、一国の総付加価値＝国民所得の増大の根拠を探ることが最大の課題であった。労働人口の増大がその答えの一つであることは誰にでも分かる。実際に、スミス以前の経済学の多くはその観点を採っていた。

スミスはその論点を生産的労働者の割合の増大論に振り替えた上で、さらに、その割合が一定の場合でさえ総付加価値が増大しうる根拠を探ろうとした。その答えが前述の通り分業による労働能力改良論であった訳だし、また、その場合の方が先の割合の増大よりもはるかに効果的であることを強調した。正にその点に、リカードやマルクスの場合との決定的な相違があることを無視してはなるまい。確かに、リカードとマルクスには、非分業生産力と分業生産力との間の労働能力格差の比較は存在しないが、スミスにはそれが存在する。むしろ、かれはそれを分業論の起点として、「労働生産力」改良の概念を見出し、価値増加＝富裕化の最大原因と見なしたと言えよう。このことが、遺憾ながら通説ではまったく自覚されてこなかった。

【注】

（1）都留重人「経済学の新しい課題――価値法則は社会主義社会にも妥当するか――」『世界』一九四六年一一月。
（2）鈴木武雄「価値法則と社会主義社会」『世界』一九四七年二月。
（3）高島善哉「体制概念と価値法則」『人文』一九四七年六月（『価値論の復位』こぶし書房、一九九五年、所収）。
（4）都留重人「価値法則の制度的意義」、有沢広己他『戦後経済学の課題』Ⅱ、有斐閣、一九四七年一二月。
（5）同論文、五三頁。

（6）高島善哉「体制概念と価値法則」『アダム・スミスの市民社会体系』岩波書店、一九七四年、補論二。

（7）同書、三二四―五頁。

（8）*WN*, p.687. 水田・杉山訳（三）、三三九頁。

（9）*WN*, pp.455–56. 同訳（二）、三〇二―四頁。

（10）この論点以外の両者の重なりを強調した近業として、Steve Fleetwood, *Hayek's Political Economy*, London, 1995, ch.1. 佐々木憲介他訳『ハイエクのポリティカル・エコノミー』法政大学出版局、二〇〇六年、三―五頁、参照。

（11）*TMS*, p.154. 水田訳（上）、四四四頁。

（12）星野彰男「『国富論』の基本命題」経済学史学会第六九回大会報告、大阪産業大学、二〇〇五年五月二八日。

（13）Ramesh Chandra, Adam Smith, Allyn Young, and the Division of Labor, *Journal of Economic Issues*, Vol.38–3, 2004, pp.789–94.

（14）*WN*, p.457. 前掲訳、三〇五―六頁。

（15）星野『アダム・スミスの経済思想』関東学院大学出版会、二〇〇二年、一六四―九頁、参照。

第八章　スミスと重農主義の相違――羽鳥卓也氏の論評に答える――

第一節　スミス価値論の新解釈について

この度、拙著『アダム・スミスの経済思想――付加価値論と「見えざる手」――』に対して、羽鳥卓也氏から懇切かつ克明な論評が寄せられた(1)。その労をとられたことに謝意を表したい。これまで、拙著には四本の学術的書評が寄せられていたが、それらはいずれも拙著のスミス価値論貫徹説に基本的に同意しつつ、若干の主要論点について説明を求めるものであった。そしてこれらに対する私の応答はすでに公表している(2)。ところが、今回の羽鳥の論評は前記各書評と比べて、拙著に対する質問と疑問がより多く指摘されている。周知のように、羽鳥は日本におけるリカード研究を代表する碩学である。また、その関わりで『「国富論」研究』も公刊している。しかし、拙著の一大テーマはリカードの目を通したスミス理解という内外の通説に反証を提起するものであったから、ここに、リカード研究者の立場を代表するかのように、満を持しての反論が寄せられた訳である。しかも、実証的資料解読をとくに重視する羽鳥の論評は着実かつ厳しい内容のものであるから、可能な限り正確にこれらに答えていきたい。

まず、羽鳥は拙著の問題提起の核心とも言うべきスミス価値論貫徹説の概要とその意義を的確に受け止めた上で、以下、いくつかの疑問点について拙著の見解を引用しつつ、検討を加えていく。その概要は、四つの節の表題（本章

第一—四節）に示されている通りであるから、それらに対する応答もその順序に従っていきたい。まず第一に、「スミス価値論の新解釈」をめぐって、以下の三点の質問等が寄せられている。

第一点。「星野は『国富論』第一編第六章の第五・六パラグラフ……の記述にもとづいて、……スミスが付加価値量を規制する原理と利潤量を規制する原理とを峻別していたと主張する。しかし、……私は『国富論』のなかに、利潤量を規制する原理と付加価値量を規制する原理との決定的な違いを指摘した章句を探し出すことができない。」(3)

もちろん、『国富論』の当該箇所で拙著が理解したような文言による「峻別」とか「違い」が「指摘」されてないのは当然である。だからこそ、これまで誰によってもそのようには理解されなかった。しかし、そこでは、「職人が原料に付加する価値は二つの部分に分解する」とあり、その「二つの部分」として「賃金」と「利潤」が挙げられている。したがって、少なくとも「付加する価値」と「賃金」・「利潤」とは言語上、区別され、「利潤」はその後の文脈で「資本の大きさに比例している」とされているが、利潤の「価値」がそうなるとは一言も言ってない。その意味で、利潤の源泉としての付加価値と利潤そのものとは明確に、つまり概念的に区別されていたと解される。確かに、『国富論』の付加価値概念は多用されているが、いずれもこのパラグラフと同様の用語法にとどまり、拙著で表現するほど明確に概念化されている訳ではない。そのために、後のリカードはこの用語法そのものを不必要なものとして棄却してしまい、その後の『国富論』理解の通説がこのリカードによる棄却をそのまま引き継いでしまった。

しかし、同書には付加価値に関わる文言が無数に存在するのであるから、それらを通説のように棄却したまままったく黙殺してしまうよりは、その存在を明確に示すことの方が同書の実証的理解としては事実に即しているのではないだろうか。なお、後のマルクスは遺稿『剰余価値学説史』（一九〇五年）の中で、『国富論』の付加価値論を一面では剰余価値論の先駆として高く評価したが、しかし、それと矛盾する論点の実在を強調し、最終的にはスミスは付加価値論を放棄したと受け止めた。そして、このマルクス説もまた、その後の通説に組み込まれてきたため、付加価値論は『国富論』の基本原理とはみなされなくなってしまった。後述のように、拙著はこれら通説のすべてに反証を提起したのである。なお、「決定的な違い」の一例は、羽鳥も認めたように、生産部門から商業部門への付加価値配分論に明示されていた。

第二点。「スミスは第一編第六章では賃金・利潤・地代は商品価格の構成部分であると規定したうえで、第七章の末尾近くで「自然価格そのものは、賃金・利潤・地代という価格の構成部分それぞれの自然率とともに変動する」と記した。……これは実質的には価格の加算理論ないし生産費説であるから、投下労働価値論に抵触する見解の表明なのではなかろうか。[4]」

『国富論』の議論はある章だけ、ここでは第七章だけ他と切り離したまま理解すると、全体の理論体系（付加価値論↓価値法則）とは無縁な議論、すなわち「加算理論ないし生産費説」のように見えてしまう。スミスは周知のように、分業による効率化の提起者であるから、学問展開においてもこれを適用し、理論を明断に展開するために余分な議論を省いて、当面の課題に関わる限りでの議論に焦点を絞り切ってしまうケースが多い。したがって、第七章以下の多くの章でも、本来の付加価値論を放棄してしまったかのように、一見それと無関係に議論を展開していく。そのため、第七章もそのように見えてしまう。しかし第四編のように、重商主義や重農主義を批判的に総括する部分では、理論的分業から離れて、体系的な分析をする必要上、付加価値論体系の見方に立ち戻っていく。したがって、第四編のこのような議論に注目すれば、第一編第七章の議論もその枠組みの中での議論であることが十分に了解されるはずのところが、第七章をそれだけで理解しようとすると、そこでは付加価値論とは差し当たり無縁な価格変動だけを論じているから、価値論をここでは放棄・否定してしまったという理解に陥ってしまう。一たんそういう結論を下してしまえば、第四編の議論もまともには受け止められなくなってしまう。これが従来の通説の通弊であった。

なお、羽鳥の引用した第七章の部分は、その直後に、「どの社会でもこの自然率はそれぞれの社会の事情によって、すなわちその社会の貧富、前進、停滞、衰退の状態によって変化する。(5)」とあるのだから、その社会のかなり長期的な経済成長（価値増加）等に関わらせた議論であって、短期的な「加算理論」や「生産費説」とは次元を異にするものであることを確認しておきたい。

第三点。「(『国富論』第一編第八章で）スミスは賃金の上昇による多種多数の商品の価格の上昇が、社会の生産事情の変化がないため全商品の価値総額が不変である時にも起こり得る、と考えていたように思われる。そうだとすれば、彼は（社会全体の商品価値総額と自然価格総額との合致を）堅持してはいなかったように思われてならない。(6)」

これも、その限りではその通りであろうと思われる。しかし、そうだからと言って、スミスはそれらの「合致」をまったく否定し切ってしまったのだろうか、というのが拙著の通説に対する根本的な疑問である。周知の通り、ヘーゲル哲学の用語に「無媒介的」と「媒介的」の対比があるが、英語ではこれらが「直接的（direct）」と「間接的（indirect）」と訳されている。つまり、先の「合致」は「直接的」＝「無媒介的」ではないが、「間接的」＝「媒介的」に相当すると言えようか。通説では、この後者による「合致」の意味が見過ごされてきた。そしてまさに、『国富論』の「付加価値」と「利潤」の「合致」がこのケースによく当てはまるように思われる。ちなみに、ヘーゲル自身は、『小論理学』序論でポリティカル・エコノミーの理論体系を高く評価していた。

また、スミスが「合致」を主張しようとしたとすれば、それは、諸々の具体的なケースを捨象して、一つの理念型的モデルを抽出しようとしたためでもあるように思われる。このような志向を否定してしまえば、そもそも経済理論、とくに価値論などは成り立ちえないのではないだろうか。

第二節　生産的労働の定義をめぐって

『国富論』の「生産的労働」の定義については、マルクス以来、そこに二つの規定があるとみなされてきた。そして、マルクスはそこに正しい第一規定と誤った第二規定とが並存していると批判していた。これに対して、内田義彦は第二規定の中にケネーに倣って剰余価値認識が含まれうるとみなして、マルクスの並存＝矛盾説を退けようとした。それに対して、拙著はこれら双方の説に異議を唱え、第二規定を賃金価値部分のみの規定とみなし、それは第一規定に包含されうるものであるから、両規定は矛盾関係ではなく、また、内田説のように同列のものでもないと解した。これに対して、羽鳥は拙著の「説明の説得力はかなり豊かである」ことを認めた上で、「ある違和感をおぼえた」と追記し、その理由をいくつか挙げている。

第一点。「(『国富論』第二編第三章の文中ですでに) 雇主が支払った製造工の賃金は、「製造工の労働が投下された対象の増大した価値のなかに、利潤とともに回収される」と記されていたのであった。そうだとすれば、(第二規定) の文面を星野の解釈するような意味に受け取ると、スミスはなぜ繰り返して製造工の賃金の回収に言及し、しかも、(第二規定) ではわざわざ「利潤とともに」という語句を省いて、賃金の回収の経路だけを詳述しなければならなかったのか。……利潤に言及しなかったのはなぜなのか。これらの疑問が生じる。[7]」

しかし、第二規定では、スミスは「家事使用人」と「製造工」との労働の相違をもっぱら賃金価値規定の相違によって対比していた。その逆に、内田説のように「製造工」の労働に利潤価値を含めて理解すると、「家事使用人」の労働ではそれがまったく存在しないのだから、両者の労働相互を比較する手がかりが失われてしまう。つまり、存在しないものと存在するものとは比較できない。ところが、両者の「労働」の比較であれば、それが生産的であるか否かはともかく、実際に「労働」が行使されるから、そこで初めて「家事使用人」と「製造工」との比較が可能となる。その意味で、両者の「労働」＝「賃金」の対比に焦点が絞られたと解される。一般に、比較とは同じ土俵（共通項を持つもの）の中でのみ行われうることであって、違った土俵（共通項を持たないもの）の間では比較の仕様が無いものと解される。

第二点。「私にはスミスの生産的労働の第二の規定は、製造工を不生産的階級と規定して家事使用人と同一視した重農主義に対する批判を意図した規定であり、したがって、生産的労働の第二規定の解釈としては、私は今日なお内田説に同調したいと思っている。[8]」

この論点に関する限り、内田説は重農主義（ケネー）批判として「第二規定の解釈」をしたというよりは、逆にケネーの論旨を借りて、彼の製造業者の労働の認識の中に、事実上、利潤価値の再生産の論理が含まれていることを援用して、スミスの「第二規定」の中にそれと同じ論理を読み込んだものに他ならない。しかしスミスは「労働」に対する対価はすべて賃金価値に限定したから、ケネー的な利潤認識を退けていた。その意味で、スミスの利潤価値認識は第一規定で尽くされていた。したがって、第二規定の「労働」に対する対価は賃金価値にあらかじめ限定されている。なぜそこに、内田説は利潤価値をケネーに倣って読み込まなければならないのだろうか。

しかし、この原因については、すでに拙著で解明済みのことである。それは要するに、内田説が第一規定を単なる形態（利潤）規定と解したマルクスの誤読を踏襲してしまったからである。そのため、形態規定でない実質（剰余価値）規定を第二規定に読み込んで、マルクスによる批判からスミスを救おうとした。しかしそのような無理をしなくても、第一規定についてのマルクスの誤訳に基づく誤読を払拭すれば、すべてが収まる。(9) また、ここでの齟齬のもう一つの原因は、『国富論』の labour を内田説が Arbeit の意味に解したことであるが、その labour は他の多くの場合と同じくここでも「労働力」の意味で用いられていた。これらを踏まえれば、スミスの当該文章は極めて平明なものとして読めるはずだ。なお、この内田説は後述第五節に見る混迷を引き起こす誘因となる。

第三節　資本用途論の主題について

「資本の用途の差異は等額の資本に異なる量の労働を活動させるのであり、したがって、それは一国の総生産物に付加する価値量にも差異を生み出すという趣旨のことが記されているから、この（『国富論』第二編）第五章でも付加価値生産論の枠の中での議論が、第三章に続いて行われているように思われる。」「星野は第二編第五章の主題が商業＝流通業を含めた付加価値配分論にあると主張する。確かに、スミスの資本用途論のなかには、星野が指摘したように、……生産部門の労働者が原材料の価値に付加した価値の一部分が、産業諸部門間を通じる利潤率の均等化作用によって商業部門に配分されるという趣旨の議論が実質的に書き込まれていた。この点は星野の指摘するとおりである。けれども、この付加価値配分論こそがスミスの資本用途論の主題であると主張する星野説には、私は同意できない[10]。」

これについての羽鳥の論点は、第二編第五章の主題とされた資本用途論も「付加価値生産論」の一環であるはずなのに、拙著がそれを「付加価値配分論」だと言うのは狭すぎるということのようだ。その意味では、『国富論』全体が付加価値生産論であるし、拙著は通説に抗して何よりもそのことを主題としたのだから、前記第五章も付加価値生産論だと言うのは当然であろう。つまり、拙著で言う付加価値配分論（第五章）は付加価値生産論（第三章）の枠組みの中でのものに他ならない。しかし、第三章と異なり、第五章は商業利潤とか地代の議論を含むから、価値タームでなく、価格タームに具体化されている。したがって、第三章は付加価値生産論そのものだが、第五章はそれを踏まえた上での付加価値配分論に上向している。

そこで、改めてこの第五章の位置づけを試みてみよう。『国富論』序論では、第二編全体の労働論がある限定を付けられている。すなわち、「どの国民でも、労働が行使されるさいの熟練、技倆、判断力の実際の状態はどうであれ、その状態が変わらなければ、労働の年々の供給が豊富であるか稀少であるかは、有用労働に年々従事する人々の数と、従事しない人々の数との割合による。……第二編は、資本の性質、それが次第に蓄積されていく仕方、そしてそれの用いられ方の相違に応じてそれが作動させる労働の分量の相違を扱う[11]。」

つまり、分業等による労働生産力の変化（第一編）を除外した上で、労働の量の相違の議論に一元化したところに第二編の特徴がある。その意味で、第二編の議論は『国富論』の付加価値論全体の中でのごく限られた範囲内でのことにすぎない。そして拙著が最も重視したのはまさにこの論点であった。つまり、通説では、第一編の議論は使用価値増大の議論だとみなされたため、価値の議論としては第二編がすべてであるかのように受け止められてきた。しかし拙著の理解では、第一編の議論は使用価値増大と区別された価値増大の議論をも内包していると解される。そうすると、価値の議論としては第二編だけでなく、むしろ第一編の論理の方がより重要だということになろう。そういう意味で、第二編の価値の議論は限られているにもかかわらず、通説ではその点が見過ごされている。したがって、第二編第五章が付加価値生産論だとされる場合も、そのような限定付きでそう言えるにすぎない。その上で、農・工の両付加価値生産部門と卸・小売の両商業部門との付加価値配分関係の議論が『国富論』の中のここだけで行われた。その意味で、付加価値配分論がここでの固有の主題とされたと解される。また、それが第四編の重商主義批判を支える基本原理となることは言うまでもあるまい。

このように、それは第一編の論理を省いた中での議論であった。つまり、スミスは第一編の主題と第二編の主題とを学問的分業の論理に従って明確に区別した上で、その論理をより効率的に解明しようとした。その結果、第二編第五章では労働能力の改良は無いものとして、あるいは各部門の労働能力は同一水準のものと仮定して議論したものと思われる。そうだとすれば、農・工・商・貿易の四つの部門における雇用効果がその素材的必要性の順序に従って、その順序の通りになることは理の当然である。工業は農産物としての原料を加工する労働だから、原料コストに労働雇用費用が加算される。それと同様のことが工業と商業の間にも当てはまるから、等額の資本の雇用効果は農＞工＞商の順序にならざるをえない。その点からも、ここでの議論の理論的意義の最たるものは、生産部門と流通部門との間の付加価値配分論にあったということを拙著が強調したかっただけである。ただし、そこには地代の問題が残されているが、これについては後述する。

また、前述のように、ここでは労働生産力不変の前提が置かれていたが、その前提を外せば、すなわち、労働生産力が変化した場合は、とくにその効果は工業における分業に現れるから、農-工の順序は容易に逆転する。このことは、言い換えれば、『国富論』第二編の議論、とくにこの投資順序論が第一編の労働生産力改良論によって覆されてしまうということである。もちろん、それは矛盾するということでなく、出発点はその投資順序から始まるとしても、それを踏まえた上で、つまり生産的労働の雇用が前提された上で、その労働生産力改良の進展による労働の質的改良が、労働の量的雇用効果を付加価値生産の度合いにおいて凌駕してしまうということに他ならない。その点で、この順序が相対的なものであるとすれば、残された最重要主題が付加価値配分論にあったと言っても、さほど見当違いのこととは言えないように思われる。むしろ、この論点をまったく見逃してきた通説のこの第五章理解の仕方こそ問われて然るべきではないだろうか。

第四節　「農業投資有利性命題」について

一　自然の力と付加価値

『国富論』第二編第五章における資本用途論では「農業投資有利性命題」が提起されていると羽鳥は捉えた上で、拙著とその後の拙論がそこでの地代論を第一編第十一章における価格論としての地代論と同一視したことへの疑問点を指摘している。そこで、この論点について再論を試みたい。

スミスは『国富論』序論で、「国民の年々の労働」がその国民の消費するすべての生活必需品と便益品を供給する「元本（fund）」だと述べた。そして国民がそれらを享受できる度合いは、「二つの事情」によるとして、第一に、その国民の労働が適用される際の「熟練、技倆、判断力」によって、第二に、「有用労働に用いられる人々の数とそうでない人々の数との割合」によって規制されるとした。その上で、「ある特定国民の領土の土壌、気候、広さがどうであろうと、その国民が受ける年々の供給が豊かであるか乏しいかは、そうした特定の状況の中での、それら二つの事情によらざるをえない。」と言った。(12)

ここでのスミスの議論の特徴の第一点は、「年々の」豊かさの原因について論じていることである。つまり、前年と比べて当年の豊かさをもたらす要因はどこにあるのかという視点である。第二点は、その「元本」を有用労働（生産的労働）に一元化した上で、その労働の「熟練、技倆、判断力」に豊かさが依存しているということである。第三点は、ネガティブな論点だが、「ある特定国民の領土の土壌、気候、広さ」は、「年々の」豊かさをもたらす要因とはみなされていないということである。

確かに、「年々」という限界時点で考えれば、「領土の土壌、気候、広さ」は各国民にとっては自然条件として所与のものであり、年毎に増加する富裕化を左右しうるものではない。土壌の改良とか開拓などが可能だとしても、それらは有用労働が加えられてはじめて可能となることだから、先の第二点に含まれてしまう。その意味で、純粋の自然条件はあらかじめスミスの富裕化論からは考察対象外（与件）に置かれている。その上で、スミスは富裕化の「二つの事情」を挙げたが、第一の事情の「熟練、技倆、判断力」の担い手は「有用労働」と同じであるから、結局、この第一の事情に富裕化の根本原因が求められたと言える。こうして、『国富論』序論冒頭の三パラグラフに込められたこれらの観点が、同書全編にわたるスミスの基本視点であったとみなされうる。

　この富裕化を測る尺度は差し当たり生活必需品と便益品の豊富化という点にあるが、それらの年々の変化を比較するにしても、その比較は物品の多様化に対応し切れなくなる。そこで、スミスはそれらを測る共通尺度として労働の量を挙げたのである。「序論」でも「(生産的)労働」が富裕化の唯一の「元本」であったから、その量に比例して富裕化が左右されるという見方を採ることは当然の成り行きである。ただし、労働の量と言っても、労働の内容はその担い手によって千差万別であるから、比較し難い。そこで、スミスは多様な労働をある基準単位に還元して、それに対する質的係数を時間に換算することにより、量的共通尺度に一元化しようとした。先の「熟練、技倆、判断力」も、「才能(talent)」に換言されるが、実際に、スミスはある才能による労働を通常労働の約二〇〇倍の時間に換算しうる例を示した。そしてこの労働時間を不変の価値尺度とみなした。もちろん、これは「商業社会」の中での議論であるが、それが「序論」の議論と整合的であるとすれば、「序論」は「商業社会」に限定される議論でなく、『国富論』全編、すなわち「文明社会」を主対象とした議論でもあるから、「序論」冒頭の議論を媒介項として、「商業社会」の議論は「文明社会」の議論に貫徹されているとみなして差し支えあるまい。

　ところが、通説はこれらの視点をすべて無視してきた。そしてその最有力の根拠が、羽鳥の採り上げる問題の一パラグラフだった[13]。その意味で、その問題性が問われなければならない。つまり、その一パラグラフの文章は先の「序論」の議論とは整合しないように見える。そこで、どちらの見方を採るべきかが問われるが、当然、私たちは「序論」の見方を採らざるをえない[14]。そうすると、件の一パラグラフは間違っているか余分のものということになってしまう。しかし現実にそれは存在する。拙著では、そういう観点からこの一パラグラフの理解を試みた。それが前述第三節の付加価値配分論という視点である。

確かに、『国富論』第二編第五章は羽鳥の言う通り資本用途の順序を論じている。しかし、スミスは第四編では、度々、資本の「配分（distribution）」とか労働の「配分」という表現を用いており、それらを資本「用途」と同様の意味で使っている。したがって、前述のように、付加価値配分論をも一主題としたと言うことができる。それはとくに商業・流通業における諸経費・利潤等への配分に該当するが、それと重なる見方が地代への配分にも認められる、ということである。それらの場合に、商業・流通業についてのスミスの分析は明快であり、羽鳥もこれを認めているが、地代論を含む農業投資についてのスミスの分析には混濁や勇み足の表現が含まれており、そのことは拙著等でも再三言及してきた。しかしその問題点を認めた上で、なおかつその混濁の原因を究明していくと、通説で言われるほどの混乱には陥っていないことが判明する、と拙著は指摘したのである。

『国富論』第二編第五章での資本用途順序論の基本視点は素材視点であった。素材の必要性という視点から見れば、資本用途の順序が農→工→商→貿易という順序になることは理の当然である。そうだとすれば、答えは最初から出されていたことになる。生産的労働の雇用効果の議論はこれに付随する性格のものにすぎない。なぜなら、必要性ということは需要の強さと同じことだから、農業生産物への需要が強い間は、そこに資本と労働が配分されざるをえない。やがて農業生産が十分に豊かになれば、工業へ、商業へとシフトしていく。したがって、各産業部門での雇用効果の大小はその各状況下での需要の大きさによって左右されるものである。商業部門への資本配分論にはまさにその論理がそのまま当てはまる。ある分野または地域での商業活動への需要が大きければ利潤率や賃金水準が高まるから、自ずとそこへ資本と労働が配分されていく。しかし商業活動は価値を生産しないから、そこへの配分は生産部門で生産された付加価値が回されることを意味する。スミスはその過程を商業活動そのものがその利潤部分の価値を「付加する」と表現した。したがって、この場合の「付加する」は、その価値を生産しないにもかかわらず、販売価格を通して獲得された利潤部分を「付加する」ということなのである。

これと同様に、地代の価値を「付加する」と表現した場合も、それを生産したのでなく、販売価格を通して得られた地代部分を「付加する」ということを意味することになるであろう。その点では、第一編第十一章と同様である。つまり、ここでは地代の「価値を付加する」とあっても、土地そのものがその価値を生産したことにならないであろう。なお、羽鳥が地代の価値を「再生産する」と訳している部分は、正確には、「再生産を引き起こさせる（occasion）」である。[15]「土地と労働の生産物」とスミスも言うように、土地は農作物の成育に寄与するから、農作物は土地という条件を抜きにしては生産できない。しかし、そのことと地代の価値の形成要因とは別の事柄である。土地は作物の成育に寄与することによって農作物を人間労働とともに生産すると言うことはできるが、一方で、スミスは富の源泉を生産的労働に一元化していた（序論）から、土地が地代の価値を「再生産する」のでなく、その再生産を「引き起こさせる」と言わざるをえない。つまり、土地の肥沃度に応じて農作物の収穫率に格差が生ずることにより、その農作物の販売の結果として得られる利得のうち、自然率利潤を上回る部分が差額地代として土地を独占所有する地主の所得に入る。それと同じことが年々繰り返されることを、スミスは先のように表現した。その場合の収穫率の格差を生じさせる原因がその土地の肥沃度であり、その土地そのものは再生産不可能な独占所有地であるから、独占価格一般と共通の独占的利得（差額地代）が配分されることになる。[16]その肥沃度を「自然の力」と表現したのだから、それ自体はとくに問題視されることではあるまい。「家畜も生産的労働者」とか「自然の労働」とかは比喩的表現であろうが、誤解を招く勇み足である。そのパラグラフ末尾では「自然の仕事」と「人間の仕事」とを区別しているから、家畜を後者に入れるはずがない。

いずれにしても、地代価値の「再生産を引き起こさせる」という表現は一貫しており、それ自体は「序論」の視点と矛盾してはいない。また、スミスは「序論」で年々の収入の根拠を捉えることを課題とすると明言したのだから、その収入の増加に無関係な議論に深入りする必要性も無くなる。その国の自然条件が生産にいかに寄与しようとも、それは年々の付加価値増加論には無関係なのである。その意味で、スミスは土地による地代価値形成論を退けたと考えられる。これは科学的に正しいか否かの問題というよりは、経済学を展開する方法（理念型的モデル形成）の問題に他なるまい。そうだとすれば、ケネーのようにそれを肯定する議論も立派に成立しうる。しかしその方法では富裕化のための判断を誤るおそれがあるから、スミスはその方法を退けたのである。それは天文学史におけるデカルトの渦動説とニュートンの万有引力説との対比に相当するかもしれない。デカルトも地動説を唱えた点では正しかったが、その渦動説はニュートンの引力仮説により完全に論破されてしまった。それと同様に、また、第五節に見るように、ケネーの土地視点はスミスの労働視点によって見事に論破されたと言えよう。

二　価値の二重性

『国富論』序論の議論と問題の一パラグラフとの食い違いのもう一つの理由と思われる点は、同書で価値という言葉が使われる場合に、二重の意味が内包されていたことである。つまり、投下労働価値視点と支配労働価値視点とである。前者による商品価値論は価値形成（源泉）論であったのに対して、後者によるそれの内実は価格構成論であった。したがって、賃金・利潤・地代の合計によって構成される自然価格が支配する労働の価値という意味で、価格構成論の枠組みの中に価値用語が適用されるケースが『国富論』には散見される。とくに、同書初版第一編第六章の商品価格論では、それが賃金・利潤・地代の各価値によって構成されるという趣旨の議論が繰り返されていたが、羽鳥がかつて強調したように、利潤と地代の二ヶ所について、第二版では各々「価値の源泉」としていた部分を商品価格の各「構成部分」と改訂された[17]。初版段階では、この場合と同様の表現が他の箇所にも用いられていた。しかし、それらすべてを第二版（以降）で改訂しきれなかったものと思われる。現に、先の第六章の中でも改訂されずに初版のまま残されているケースもある。このことは、スミス自身、改訂以前の文言でも二つの価値論が矛盾するとは考えていなかったことを示している。ただ、二つの価値用語が並存することは、後のマルクスによって痛烈な批判が加えられたように、誤解を招くおそれをスミス自身が感じて、第二版で先の二ヶ所の改訂を施したものと思われる。しかし、その二ヶ所以外の同様の表現のすべてを改訂するには至らず、先の地代をめぐる問題の一パラグラフもその延長線上にあるものと思われる。

前述のように、それと同じ文脈で商業利潤に対しても商業活動がその「価値を付加する」と表現されたが、この場合は、投下労働価値論の意味でその商業が価値を付加したのでなく、生産部門で形成された投下労働価値が当該商品の販売価格を通して商業利潤に配分されるという意味で、その価値を付加すると表現したにすぎない。その意味で、この場合も、商業利潤の「価格を構成する」と改訂すべきところを、改訂しなかった部分だとみなされる。したがって、その場合の「価値を付加する」は価格構成と同じ意味での支配労働価値を付加するという意味であったと解される。また、そう解することによって、先の第二版における改訂部分と整合することになる。

そうすると、改訂されなかった部分は誤りなのかと問われようが、必ずしもそうとは言い切れない。その理由は、元来、『国富論』の冒頭部分はもとより全体として、投下労働価値と支配労働価値とは、同じメダルの裏表の関係にあるからである。ただし、そのことが例外なく当てはまる社会は、理念的にモデル化された「商業社会」段階においてのみであり、資本蓄積・土地占有段階としての「文明社会」においては、個別商品ごとにそのまま当てはまる訳ではない。その理由は、前述のように、利潤は資本の大きさに比例し、地代は土地の肥沃度等に左右されるからである。したがって、そのような利潤・地代を構成部分として含む個別商品価格は、商業社会と異なり投下労働価値と必ずしも一致しないから、それを支配労働価値で測定したのである。文明社会においてはこのような複雑要因が加味されるが、しかしそこでも、価値形成要因は投下労働量に一元化されている（序論、他）から、その価値を測る尺度として支配労働概念が必要とされたと解される。そして投下労働価値と支配労働価値とは個別商品ごとには必ずしも一致しないが、一国内のある年の「価値」は所与のものであるから、投下労働によって形成された価値と支配労働によって計測される価値との局面の相違があっても、対象となる「価値」そのものは一国内のある年には同じものである。それは換言すれば、先の限定内では価値と価格は同じものであるに他ならない。そういう意味で、「商業社会」の論理は「文明社会」の論理解明の土台になるものとして生かされていると言える。

スミスの道徳哲学からすれば、資本の大きさに比例する利潤の価格や土地の肥沃度に左右される地代の価格を、それ自体として支配労働量で測る本来的必然性は何もないはずである。だからこそ、リカードは支配労働価値論を否定し、のちのマルクスもシュンペーターもそれと同趣旨の議論を引き継いでいる。しかし、スミス自身がその必然性を認めたとすれば、それは利潤・地代の本源的価値が投下労働によって形成されていればこそ、それらの価格が土地の肥沃度等によって様々に変容されるにしても、同じ労働概念（支配労働量）で測ることができると考えたからではないだろうか。そうだとすれば、『国富論』の価値論に二つの概念が並存しているからといって、それはとくに矛盾することでもなく、一つの概念の二側面にすぎなかったことになるであろう。その反対に、通説のように自然の働きが生み出した地代の価値を支配労働量で測ると解釈して済ますことの方が、本来できないことを想定することになるのではないだろうか。労働と労働の間であれば、比較したり、等置したりすることはできるが、土地の肥沃度と人間労働とは異次元の世界（異なる土俵）のことであるから、相互に比較も測定もできない。これが、スミスの基本哲学であったと思われる。(18)

つまり、「自然の力」を人間労働では評価できないから、地代を支配労働で測るということは、その根源が同じ労働＝投下労働であるに他なるまい。『国富論』が支配労働価値論で一貫しているということは、それと等置される投下労働価値論が貫徹されていることの証しであろう。『道徳感情論』のうちの正義の法則論が「自然法学講義」であり、その一環として統治論（→『国富論』）が含まれたのだから、『道徳感情論』のうちの評価能力論は『国富論』に貫徹されているとみなすことができよう。そこに「自然の力」という人間労働とは別の評価基準を含めることは、スミスの先の方法にそぐわない。同書序論の観点が基本とされるべき所以である。

要するに、「農業投資有利性命題」と言われるものの内実は次のようなものであったと解される。すなわち、生活必需物資としての農作物に対する需要の強さに応じて、そこへの投下資本に対する超過利潤が配分され、自然率利潤を上回るその超過分が差額地代となる。これは資本用途の自然的自由に任せておいた結果であるから、何かの人為的優遇政策によって資本が特定貿易業へ誘導され、その関連業種へ独占利潤が配分される場合と比べて、国民経済にとって「はるかに有利」だとスミスは言おうとした。しかも、原初的地代には、地主により「改良された肥沃度」への配分もかなり含まれていた。その反対に、地代を生む農業の方がそれを生まない製造業よりその分だけ恒久的に有利だとすれば、農産物輸入を促す自由貿易＝国際分業はその国にとって不利になるので、互恵的自由貿易を唱えることは矛盾する。にもかかわらず、『国富論』は例外なしに自由貿易を唱えている。そのことは、農産物輸入→製造品輸出という国際分業によって国内農産物生産が削減されても、一国の総付加価値は増加しうるという理論の裏付けがあったことを傍証するに十分ではないだろうか。

第五節　スミスとケネーの相違

スミスとケネーの相違について羽鳥と見解が別れるのは、『国富論』の次の一文をめぐってである。「3人の子供ができる結婚の方が、2人しかできない結婚より確かに生産的であるのと同様に、農業者と農村労働者の労働の方が商人・工匠・製造業者の労働より確かに生産的である(19)。」

羽鳥はこの一文にある子供の例がスミス自身の観点を示すものだという理解をしていた。近年の拙論がこれをスミス自身の観点ではなく、ケネー固有の観点を示すものだと言及したことに対して、羽鳥は次のように反論する。

「私は星野の批判を受け入れることではできない。この引用文はスミスがケネーの学説を紹介した文章ではなく、批判した文章のなかにある。ここにはむろん、スミス固有の観点に立脚した議論が展開されていた。私見によれば、ケネー固有の観点に立つ議論とは、製造工は純生産物を全くつくらないのだから、1人の子供も生めない不妊で不生産的存在にすぎない。農業階級が唯一の生産的階級であるが、それはこの階級のみが純生産物をつくるからだ、というものである。[20]」

このように、羽鳥によれば、「純生産物」をつくることをスミスは子供を生むことにたとえた。しかも、ケネーにあっては製造工は「純生産物」＝地代をつくらないのだから、それは「1人の子供も生めない」ことに相当する。したがって、先の『国富論』の一文はケネーの観点でなく、スミス本人の観点を示したものに他ならない、と言う。

これに対して、私の理解では、先の一文のたとえは価値の存続を基準にして、それと価値の増大との区別をしようとしたものとみなされる。ケネーの「純生産物」を基準にすれば、確かに羽鳥の解する通りだが、スミスはケネーにおけるその混乱を回避して正確性を期するために、ケネーの「純生産物」という実物観念を一たん生産物の価値観念に翻案して、ケネーの製造業者の役割を捉え返してみる。そうすると、羽鳥も認めるように、ケネー自身が製造業者は自らの資本価値と生活維持費の価値とを再生産・回収すると認識していた。このことをスミスは克明に論証した上で、ケネーのその認識を結婚（夫妻）が2人の子供を生むことにたとえた。したがって、その場合、不妊＝不生産的と言うべきでないところを、ケネーは「純生産物」＝地代という観点に立脚したために、製造業者の労働は1人も子供を生まない（不生産的）かのような混乱に陥ってしまった。それに対して、スミスはその混乱を価値観念でもって整理し、自らが可能な限りケネー説に内在（同感）し、ケネーの身になってその説をたとえるならば、製造業者の労働は夫妻が2人の子供を生むに相当することをケネー自身が捉えていたではないか、と述べた。つまり、これは相手の論理を借りて相手の論法を覆すという最も高尚なレトリックである。また、ケネーの「純生産物」観念からすれば、農業労働は単なる再生産にとどまらず、それを超える生産（＝地代）を行うから、3人の子供を生むに相当する。したがって、この場合もケネーの観点を表すものとなっている。その意味で、子供のたとえは、スミスの捉えたケネー理論の的確な描写に他ならない(21)。

しかしなお問題は残されている。それはこの子供の例とスミス理論との関わりが羽鳥によって示されているからである。私見では、それはスミス自身の観点でないのだが、羽鳥はそれがケネーのものでなく、スミスのものだと言う。もし羽鳥説の通りだとすると、スミスの製造工は私の理解するケネーのように、単純再生産（2人の子）を繰り返すだけにとどまる。しかしスミスの生産的労働の第一規定によれば、付加価値としての利潤価値部分は3人目の子に相当する。そうすると、製造工の労働は2人の子しか生まないというケネー説は退けられる。ところが、前述第二節の内田説によれば、生産的労働の第二規定において、既存価値の単純再生産の中にも製造業者の生活資料としての利潤価値が内包されているという解釈がなされた。そして、それと同様の認識が前述のケネー理論の中にもあるから、内田説の第二規定理解はスミスのケネー化に他ならない。確かにそう解すれば、2人の子供の例と整合するが、前述第二節のように、第一規定と並立する意味での第二規定なるものは、元来、存在しない(22)。したがって、両説の最大の難点は、第一に、先の第一規定の意味が見失われること、第二に、労働生産力改良による価値増加論も見失われることである。そして、これらの二点は拙著の最大テーマであった。その意味で、先の子供の例をいかに解読するかということは、単にその部分だけにとどまらず、『国富論』全体の理解に関わることなのである。なお、ケネーの製造業者は1人の子も生まないと解すると、ケネー『経済表』における再生産、つまり「表」そのものが成立しなくなるから、ケネーの実像にも反する。

そこで、次に問題になるのは3人目の子の例の場合である。羽鳥によれば、これこそまさにスミス地代論の観点だとみなされる。それに対して、私はこれも含めてスミス固有の観点ではないと解する。これを「スミス固有の観点」だと解すると、製造業は恒久的に単純再生産のみを繰り返し、農業だけがそれを上回る純生産物＝地代を恒久的に生み出すことになるから、ケネーの観点とスミスのそれとは同じになってしまう。しかし、『国富論』全体としてスミスはケネーのその観点を克服しようとし、また、実際に克服した。そうだとすれば、先の子供の例はスミスのものではないはずだ。それでは、その論拠はどこに求められるのだろうか。先の第一規定の他に、その有力なヒントを与えてくれる一文が先の引用文と同じ第四編第九章の文脈の中に含まれている。つまり、スミスは「序論」と同じく生産物を増加させる方法が二つしかないと述べ、その第一は労働生産力の改良、第二は生産的労働量の増加だとして、その第一の方法について次のように言う。

「有用労働の生産諸力の改良は、第一に、職人の能力（ability）の改良に依存し、第二に、彼が仕事するに当たっての機械類の改良に依存する。ところが、工匠と製造業者の労働は、農業者と農村労働者の労働よりも細分化が可能であり、各職人の労働はより専一的（simple）な作業に削減されることが可能であるから、さらにこれら両種類の改良をはるかに高度に行うこともまた可能である。※したがって、この点で、耕作者の階級は工匠と製造業者の階級を上回るどんな長所も持ちえない。……／※第一編第一章を見よ。[23]」

スミス本人の脚注※に記されたように、第一編冒頭の分業論の主旨がここに端的に示されている。製造業における分業は労働の細分化によりそれら作業を各々「専一」化させるから、それはまた、「職人の能力の改良」と「機械類の改良」とを「はるかに高度に行うことも可能」とさせる。従来の通説では、この「専一」化による能力の一面化の弊害が強調された反面、「能力の改良」の側面が無視されてきた。しかしこの引用文に見るように、作業の専一化は能力改良のための必要条件なのである。また、専一化による作業の効率化（能力改良）によって、その作業に従事する人数を大幅に削減できる。こうして全社会的に分業が広がれば、全体として労働量が大幅に節約できる。他方、各作業が専一化されればされるほど、その作業の機械化も行いやすくなり、機械を発明・設計・製造する新規の作業が様々の分業の中から生ずるから、それらの作業にも労働者が従事することになる。さらに、機械だけでなく、その他の多種多様な製品も開発されていく。それらに従事する労働者は先の余剰労働量に相当する人々により補充されうる。これらの過程で、発明・設計などの知的労働や高度な製造技術に伴う「能力の改良」が「はるかに高度に」促進されていく。ただし、その前提条件として基礎的ないし高度の教育が必要とされるが、その議論は第五編財政論の中で行われる。これらは現代の「内生的成長論」（人的資本論）をはるかに先取りする洞察である。

ところが、『国富論』のこの論理は通説ではまったく見失われてきた。その発端はリカードに由来するが、マルクスも労働者の能力改良論を当面の剰余価値論の展開にとっては、「どうでもよいこと」であり、「余計な操作」だとみなして、その議論の展開を省いてしまった[24]。この両者の有力な見解によって、『国富論』の能力改良論は内外の学界総体としてまったく無視されてきた。先の引用文は、重農主義学説を批判的に分析した章の中のものであるから、重農主義的観点との相違を明確にするために言及されたものである。そこでは、先のような分業の効果は農業においては期待できないことを指摘し、しかも、詳細は「第一編第一章を見よ」と言うのだから、その論点は『国富論』全体の基本テーマの一つであったことになる。つまり、同書におけるケネー批判は第四編第九章やそれと重なる第二編第三章に限られるものでなく、第一編第一章の分業論そのものがケネー理論の批判に当てられていたことになる。

それでは、このような理解による先の論点（子供の例）の帰結はどういうことになるのだろうか。もちろん、スミスも論理発生的には先の子供のたとえに近い見方を採っていた。しかし、やがてその関係（農業と工業）が逆転するケースも認めた。すなわち、分業が未熟な段階では農業投資の方が有利でありうるが、やがて分業が普及するにつれて、あるレベル以下の劣等地耕作への投資よりも、ある分野の製造業投資の方が有利になり、その傾向が一層拡大していくという論理だったのではないだろうか。そこでは、資本用途の順序が超歴史的に固定化されるという見方ではなく、論理的にも歴史的にも資本用途の重点が農業から製造業へ、また、部分的には商業や貿易業へシフトしていくという見方を採っていた。これについて、重農主義は超歴史的に農業投資を優先させ、逆に「重商主義」は特定貿易投資を優先させる見方を採っていた。それに対して、スミスは分業労働と機械化に伴う能力改良論によって、特定業種を優先させる投資順序論を唱えていた両体系を退けた。つまり、スミスの投資順序論は、投資の有利性命題が業種によって固定化されるのでなく、労働による価値生産の度合いのみによって規定されるという観点である。それに対して、特定業種を固定的に優先させる投資論はそれら業界の立場を代弁する偏見に囚われた見方だと、スミスは『国富論』序論で明言したのである。

こうして、スミスはケネー『経済表』の商品＝貨幣循環論を克服する過程で、独自の付加価値論＝価値法則論に想到したと言えよう。つまり、ケネーにあっては、地代価値はその当該土地の耕作等から生ずるという見方であった。これに対して、マクロ的な付加価値配分視点を踏まえたスミスにあっては、地代価値は土地の肥沃度の差異によってもたらされた作物等の販売額の差異に基づいて配分されるものと捉えられた。農業が地代価値を「再生産する」というケネー視点と、その「再生産を引き起こさせる」というスミス視点との相違は、このような原理的相違によるものだと解される。

また、前述の羽鳥説を含むリカード以来の通説が真実だとすると、投下労働価値論に基づくスミス付加価値論体系（価値法則論）は破綻していることになる。そうすると、『国富論』における商品価値総量に対応する金銀貨幣の流通必要量説と、それに基づく重商主義的貨幣増加策批判も無効となり、経済学の一最重要論点へのスミスの理論的貢献も見失われたままとなってしまう。[25]これはその他多くの諸論点のうちの一例にすぎない。

【注】

（1）羽鳥卓也「A・スミスの資本用途論――星野彰男の『国富論』研究を検討して――」『経済系』第二三五集、二〇〇八年四月。
（2）星野彰男「スミス価値論批判への反批判」『経済学論纂』（中央大学）四四-五・六、二〇〇四年三月、一三一―七頁。〔本書、第六章第二節三〕
（3）羽鳥、前掲論文、六六頁。
（4）羽鳥、同、六六頁。
（5）WN, p.80.　水田・杉山訳（一）、一一六頁。
（6）羽鳥、前掲論文、六七頁。
（7）羽鳥、同、六九頁。
（8）羽鳥、同、六九頁。
（9）星野彰男『アダム・スミスの経済思想――付加価値論と「見えざる手」――』関東学院大学出版会、二〇〇二年、三八―四二頁、九一―八頁。星野、前掲論文、二六―七頁。
（10）羽鳥、前掲論文、六九―七〇頁。
（11）WN, p.11. 前掲訳（一）、二〇―一頁。

(12) WN, p.10. 前掲訳(一)、一九頁。
(13) 羽鳥、前掲論文、七一頁。WN, pp.363–64. 前掲訳(二)、一六二—四頁。〔本書、第四章第三節一、参照。〕
(14) 小林昇『国富論体系の成立』未來社、一九七三年、一〇三—五頁、一九八頁。根岸隆『経済学史24の謎』有斐閣、二〇〇四年、二一—七頁、参照。
(15) 羽鳥、前掲論文、七一頁。星野、前掲書、一三二頁、参照。また、「地代としての収入をつくる」(羽鳥、七五頁)は、「……を構成する(constitute)」である。
(16)『国富論』によれば、独占価格は法的規制によって不当に高められたものだから、その規制の撤廃によって自然価格に引き戻されなければならないが、地代をもたらす土地独占は通常の所有権に基づくものであるから、それによる地代も自然価格の構成部分として正当化される。WN, p.161. 前掲訳(一)、二六四頁。
(17) 羽鳥卓也『「国富論」研究』未來社、一九九〇年、九一—七頁(初出、一九七四年)。WN, p.67. 前掲訳(一)、九四—五頁。
(18)「ある人のすべての能力は、それぞれ他人における類似の能力について、彼が判断する際の尺度である。」(TMS, p.19. 水田訳(上)、五〇頁。)星野『市場社会の体系——ヒュームとスミス——』新評論、一九九四年、一九〇—二〇八頁、二二三—六頁、参照。
(19) WN, p.675. 前掲訳(三)、三一八頁。この文の直前に「農業者は……地代を年々再生産する。」とあるが、前述第四節第一項のように、スミスは地代価値の「再生産を引き起こさせる。」と一貫して表現した。
(20) 羽鳥、前掲論文、七六頁。このスミス解釈はリカード以来の通説を集約している。
(21) スミスの両著には、他説を自説であるかのように長々と紹介することがよくある。そのため、他説をスミス説と取り違えた前例として、高島善哉『アダム・スミスの市民社会体系』岩波書店、一九七四年(初出、一九四一年)、一〇一—二頁の引用(TMS, p.198. 水田訳(下)、五八頁)がある。
(22) 星野『アダム・スミスの経済思想』四〇頁。ここから、内田説(一九五三年)の第二規定論は2人の子供の例を立論の根拠にしたことが窺える。平田清明「ケェネーとスミス」一七—二七頁(高島善哉編著『スミス国富論講義』四、春秋社、一九五一年、所収）、参照。

（23）WN, p.676. 前掲訳（三）、三二一―二頁。

（24）Karl Marx, *Das Kapital*, Teil 1 (1867), *Marx Engels Werke*, Bd. 23, Dietz Verlag, SS.211-3. 邦訳『資本論』第一巻第三編五章二節、新日本出版社、第二分冊、三三七―九頁。

（25）星野『アダム・スミスの経済思想』一八九―九五頁。

第九章　A・スミス生産的労働論の検証

第一節　A・スミス生産的労働論の検証

A・スミス『国富論』においては、その序論等に示されたように、「生産的労働」論が理論体系の基軸になっている。ところが、この理解をめぐり諸説混交して未だ定説が確立されず、スミス理論体系についても同様である。拙著（『アダム・スミスの経済思想』）でこの論点整理を試みたが、それに対しても反論が寄せられている。そこで、改めてこれを検証してみたい。先ず、それに係る周知の一パラグラフを引用する。

「（Ⅰ）労働（labour）のうちである種類のものは、それが投下された対象の価値を増加させるが、もう一つ別の種類の労働があって、それはそのような効果を持たない。前者は価値を生産するのだから、生産的と呼び、後者は不生産的と呼んでよいだろう。こうして製造工の労働は、一般に、彼が働きかける原料の価値に対して、彼自身の維持費の価値と彼の雇主の利潤の価値とを付加する。これに反して、家事使用人の労働は何の価値も付加しない。製造工は彼の賃金を前払いしてもらうとはいえ、実際には雇主にとって何の費用もかからない。その賃金の価値は、一般に、製造工の労働が投下された対象の増大した価値の中に利潤とともに回収されるからである。ところが、家事使用人の維持費は決して回収されない。……（Ⅱ）製造工の労働はある特定の対象あるいは販売できる商品の中に自らを固定化し実現するのであり、この商品はその労働が済んでしまった後でも、少なくともしばらくは存続する。それはいわば一定量の労働が、いつか他の場合に必要に応じて使用されるために、貯えられ蓄蔵されている。……その対象の価格は後で最初にそれを生産したのと等量の労働を必要に応じて活動させることができる。反対に家事使用人の労働は、どんな特定の対象または販売できる商品の中にも自らを固定化し実現することがない。」（WN, p.330. 水田・杉山訳（二）、一〇九―一一〇頁。丸括弧内は引用者。）

この「生産的労働」論をめぐっては、これまで様々な議論が行われてきた。とくに、それらの議論の基準とされてきたのは、マルクスの遺稿『剰余価値学説史』（一九〇五年）の観点であった。しかしそこでは、スミスの労働概念とマルクスのそれとの間に峻別されるべき重要な観点（用語法）の相違があったにもかかわらず、マルクスは自己の観点だけからスミスの労働概念を理解した。また、スミス生産的労働論についての研究蓄積が飛び抜けて豊富であった日本でも、その労働概念はもっぱらマルクスの観点によって受け止められてきた。

周知のように、マルクスの労働概念はドイツ古典哲学者ヘーゲルに由来する。ヘーゲルは『精神現象学』（一八〇七年）において主体的な精神が客体（対象）に現象するという観点から、労働が客体に外在化するという捉え方をした。初期のマルクスはこれを受け止めて「疎外」とも表現したが、『資本論』（一八六七年）では、主に「対象化」と表現している。この対象化された労働の中で、「必要労働」（労働力価値）と「剰余労働」（剰余価値）とを区別した。マルクスはこのような観点から、スミスの「生産的労働」概念を検討した。その結果、引用文Ⅱに示された、いわゆる「第二規定」の労働概念に剰余価値が含まれないことをもって、スミス価値論の破綻の証しだと論難した。

確かに、「労働」を指すドイツ語の Arbeit には、労作とか作品という労働対象化の含意がある。しかし英語でそれに相当するのは work であって、labour にその含意はなく、むしろ労働主体の側の活動力（activity）というニュアンスが強い。この言語上の微妙な差異をわきまえた理解が十分でなかった。しかも、スミスはイギリス経験論哲学の系譜の中にあった。したがって、その労働概念の論じ方も前述のドイツ哲学的観点と異なり、それは主体の側に限定される。そうすると、それは労働を行う能力という意味に重なり、その主体的能力の行使としての活動力という意味に限定して用いられることになる。ちなみに、「労働生産力の改良」についても、Arbeit の場合は労働対象化（結果）の改良を、labour の場合はこれに加えて労働能力（原因）の改良をも含意することになるが、これも前者の意味でしか受け止められてこなかった。

したがって、スミスには労働対象化の一環としての剰余労働という概念は存在しない。彼の労働観によれば、労働（主体）がそれと区別される客体としての対象（原料）に「投下され」、「働きかける」ことによって、加工された「対象の価値を増加させる」だけである。つまり、労働はその加工生産物において「対象の価値」に新たな「価値を付加する」にすぎず、この付加価値部分が賃金と利潤に分解すると言う。これが引用文Iに示された、いわゆる「第一規定」の観点であるが、それがスミス流の労働対象化論だと言うことはできる。そしてこの第一規定の延長線上に「第二規定」の議論がある。

この第一規定は、労働者の雇主が何を目的としてその労働者に労働能力を行使させるのか、に答えたものである。それはつまり、その生産物において対象（原料）の価値に新たな価値を付加させることによって、賃金を含む投下資本価値の再生産を維持し、また、資本の利潤を得るためである。この付加価値の中に「賃金の価値」と「利潤の価値」とが含まれるが、これを生産する労働を「生産的労働」と規定した。それに対して、この付加価値を生産しない労働もある。これを「不生産的労働」と名付けて、生産的労働と区別した。スミスはこの区別を分かりやすく示すために、製造工と家事使用人との各「労働」の比較を行った。その際、それらが利潤価値を生産するか否かという基準よりは、賃金価値を再生産するか否かを基準として比較した方がはるかに分かりやすい。賃金価値は付加価値の分解部分であるから、賃金価値の再生産の有無が論証されれば、自ずと利潤価値の生産の有無も論証されたことになろう。また、両者の労働の比較は「労働」という共通項の中で、より明晰に行われうる。そこで、スミスは双方の「労働」が賃金価値を再生産するか否かに焦点を絞った。

「製造工の労働は……商品の中に自ら（＝労働）を固定化し、実現する」というのはそういう意味である。この場合の「労働」は主体の側の活動力を意味する。したがって、この一文はマルクス流の労働すべて（Arbeit）の対象化を意味するものではなく、単に労働能力（labour）の自己実現の存在形態を意味しているにすぎない。それは賃金価値部分を表すにすぎず、そこに剰余価値部分が含まれないのは当然のことである。これに対して、マルクスはそこに剰余価値部分が含まれないことをもって、二つの規定間で投下労働価値論と支配労働価値論の矛盾（私見では矛盾しない。）と同じ矛盾を犯したとみなし、これによりスミス価値論体系の破綻を示していると論難した。しかし、これはマルクス固有の労働対象化の見方をスミスに求めるいささか性急な臆断であって、イギリス経験論（用語法）の独自性を無視したその「第二規定」批判は、妥当性を欠くものと言わざるをえない。そのため、そこに何か釈然としない疑問を懐いた論者も少なからずいたようだ。とくに日本のスミス研究におけるかつての通説（旧説）は、この第二規定を独立商品生産者の規定と解することによって、マルクスによる破綻説を回避しようとした。その旧説を踏まえつつこれを克服しようと試みたのが、内田義彦『経済学の生誕』である。

内田はスミスの第二規定を価値の存続論と受け止めた上で、ケネーの再生産論を援用して、その価値存続論の中に利潤価値（剰余価値）を含む資本価値の存続論を読み込んだ。その観点からマルクスの言う「第二規定」破綻説に応答し、それによって、スミスをマルクスの批判から擁護しようとした。その場合に第一規定の問題が残るが、これについて内田はマルクス説を踏襲した。しかしマルクスのこの理解についても、先の拙著で指摘したように、自らの誤訳に基づく誤読がある。つまり、引用文Ⅰにある「雇主の利潤の価値」から、マルクスは「の価値」を除いた独訳文により、これを利潤形態規定と解して詳論した。そして旧説も内田もその誤訳に気付かぬままこれを受け入れてしまった。

その結果、内田はスミス生産的労働論について、単なる利潤形態規定と解された第一規定よりは、独自に実質的価値規定と解した第二規定の方を優越させる見方を採ることになった。しかし第一規定がスミス本来の付加「価値」規定であるとすれば、この内田説はそのスミス擁護とは裏腹に、あらぬ方向にスミス理論を曲げてしまうことになりはしまいか?つまり、第一規定と並立する意味での第二規定なるものは、元来、存在しえないと解されるからだ。それはマルクスの草稿内でスミス価値論体系の破綻を強調するために、無理やり仕立て上げられたものと見なされるからだ。

このマルクスの理不尽なスミス批判に対する適切な反論が皆無の時代にあって、内田説はその批判からスミスを救ったものとして、少なからぬ学界関係者から刮目され、その卓越した思想史論と相俟って、主にスミス市民社会論研究の新展開として受け止められた。こうして、内田の「第二規定」解釈の問題点が十分には精査されないまま黙過されてしまった。これに対して、若干の人たちがマルクス説に対してだけでなくこの内田説に対しても懐疑的スタンスを示してきた。例えば、藤塚知義は内田説以前に第二規定＝賃金価値説を採り、それは第一規定に包摂されると解した。小林昇は第一規定についてのマルクス説には囚われず、これを原典のまま淡々と捉えて、第二規定には一切論及しなかった。また、田添京二も独立商品生産者論としてだが、第一規定による能力向上論を含めたＪ・ステュアート↓スミス剰余価値論を提起していた。

その後この二つの規定をめぐる論争は長らく不問に付されてきた。そしてこの論争もはるかに過去のものとなり、風化しつつあった最中に、先の拙著がスミス生産的労働論をめぐる内田説等の本格的検証に着手し、前述のような問題点を指摘するに至った訳である。しかし最近、拙著をめぐる羽鳥卓也との論争（二〇〇八年）の過程で、同書では十分に意を尽くせなかった新たな論点が浮上してきた。それはケネーとスミスの関係をめぐる問題である。そこで、これについて改めて検証してみよう。

第二節　生産的労働論におけるケネーとスミス

スミスは『国富論』第四編第九章において、ケネー等の重農主義体系を批判的に考察した冒頭部分で次のように概括した。

（Ⅲ）「この体系の主要な間違いは、工匠と製造業者と商人の階級をまったく不妊で不生産的だとしている点にあるように思われる。次の考察はこの説明が不適切であることを示すのに役立つだろう。／第一に、この階級がそれ自身の年々の消費の価値を年々再生産し、この階級を維持し雇用する貯えあるいは資本の存在を、少なくとも存続させるということは認められている。しかしこの理由だけからも、不妊とか不生産的とかいう名称をこの階級に適用することは極めて不適切と思われる。ある結婚が1人の息子と1人の娘を生んで父と母を更新するだけであり、人類の数を増加させず、ただ従来通り存続させるだけであるとしても、我々はその結婚を不妊とか不生産的とか呼ぶべきではない。なるほど（indeed）、農業者と農村労働者は自分たちを維持し雇用する貯えを超えて、純生産物すなわち地主への不労地代を年々再生産する。3人の子を生む結婚の方が、2人の子しか生まない結婚よりも確かに生産的であるように、農業者と農村労働者の労働の方が、商人や工匠や製造業者の労働よりも確かに生産的である。だが、一方の階級のより多い産出が他方を不妊とか不生産的にさせはしない。」（WN, pp.674-75. 前掲訳（三）、三一八―九頁。）

この引用文Ⅲを集約する「2人の子」と「3人の子」の例がケネー（『経済表』）の観点を表すことは、「認められている」とか「なるほど（indeed）」という用語からも明らかである。後者の文章は、「ケネーはそう言っているが、しかし……」という相手への譲歩文であって、執筆者スミスの立場を表わすものではない。つまりここでは、事実上ケネーがそのような再生産認識をしていたにもかかわらず、製造業者等の「階級」に対して「不生産的という名称を適用」したケネーの用語上の齟齬を指摘することが唯一の目的だったはずだ。また、「農業者は……地代を年々再生産する」とあるが、スミス自身は地代価値を「再生産する」とは一言も言わず、その「再生産を引き起こさせる（occasion）」と一貫して表現していた。さらに、『国富論』序論等で「3人の子」をめぐるケネー視点を退けていた。これらの理由により、引用文Ⅲの子供の例はスミス自身の観点でなく、スミスの捉えたケネーの観点であることは明白である。

ところが、マルクスは先の遺稿でこの引用文Ⅲをケネー＝スミスの枠組みと解し、「第二規定」成立の論拠と見なした上で、そこでの製造工の労働生産物に剰余価値が含まれない（2人の子）ことをもって、第二規定は第一規定と矛盾すると批判した。しかし実際には、スミスは第二規定（＝賃金価値説）と同趣旨の議論を引用文Ⅲの次のパラグラフで再論し、そこで完結させている。したがって、農・工各部門の生産物価値を論じた引用文Ⅲに第二規定（賃金価値）は適用できないはずだ。にもかかわらず、マルクスはそこに第二規定を拡大適用し、賃金価値の論題を生産物価値に振り替えた上で、後者に剰余価値が含まれないことを論難した。ここには、引用文Ⅲをスミス説と見なしたことに加えて、第二規定の論拠にしたという二重の事実誤認があると言えよう。

内外の学界はこのマルクス説を不問に付することによって、事実上それを容認してきた。その場合、製造業と農業との価値再生産上の位置付けについて、ケネーとスミスは大局的には同様の観点だったことになるから、スミスはケネー重農主義理論を克服できなかったことになる。そうすると、それは引用文Ⅲの部分の解読だけでは済まされぬ、『国富論』全体の理解に関わる大問題になってしまう。だが、かつて平田清明はこのマルクス説を敷衍し、内田説の第二規定論もその延長線上に位置付けられる。すなわち、内田説は引用文Ⅲの製造業者における「資本の存在を……存続させる」という文言に立脚して、これをスミスの第二規定論と重ね合わせ、第二規定で言う価値の存続を、剰余価値を含む資本価値の存続に読み替えたからである。それにより内田説はマルクスのスミス矛盾説に応答したが、その結果、製造工↓「2人の子」の例が同時にスミスのものと解さざるをえなくなった。マルクス説を前提して議論した内田説の立場がそのような解読を余儀なくさせた。

しかし前述のように、第一規定だけがスミス本来の付加価値規定だとすれば、それは、既存価値を上回る付加価値形成論だから、製造工の労働生産物は「3人の子」の例に相当する。それによって「2人の子」に譬えるケネーの製造工との相違が歴然とする。ところが、内田説のように第二規定を正当化し優越させる立場を採れば、それは既存価値の存続論だから、「2人の子」に相当する。そうすると、それはケネーの製造工と同じになり、その点でのスミスの独自性が見失われる。また、3人目の子についても、それを地代と見なすケネーと同じ観点になってしまう。なるほど内田説にあっては、独立商品生産者社会での分業の効果によって、「2人の子」の中に含まれる相対的剰余価値部分が新たな支配（雇用）労働を実現させ、それが資本制生産社会に転化させると想定した。その意味で、原理的には第二規定だけに依拠する立場を採っていた。しかし、いわゆる第二規定も資本蓄積論の中での議論だから、資本制社会を前提にすべきだ。

それらの意味で、内田説の「第二規定」正当化・優越論は事実と違っている。そうすると、それは単なる学風の独自性と言うだけでは済まされぬ、『国富論』全体の理解に係る問題を孕んでいたことになる。その問題点は、第一に、スミスの第一規定に並立する第二規定なるものの存在根拠に疑義があることである。スミス生産的労働論は第一規定の付加価値生産論で尽くされており、第二規定では賃金価値の実物根拠を提起しただけだから、それは第一規定の中に包含される。第二に、このような存在根拠のない第二規定を正当化し優越させるために、そこにケネー的解釈を施すことによって、スミスの製造工の生産物価値をケネーと同じ「2人の子」に譬えることになる。また、3人目の子としての地代についても、スミスはケネーのその観点を克服できなかったことになる。第三に、これの帰結として、分業に伴う労働能力改良論に内包される価値（→付加価値）増加論も見失われる。そして、これらに伴うスミスのケネー化は、同時にリカードによるスミス批判の全面的正当化に帰着する。

これらの問題点のうち、拙著で十分には論及できなかった重要論点は第二の問題である。内田説は引用文Ⅲのケネーの枠組みを事実上スミス自身の枠組みでもあると見なし、そこに相対的剰余価値を読み込んで、マルクスの批判からスミスを救おうとした。この理不尽な批判に抗した内田のその構えは十分に了解できるとしても、遺憾ながらその対応は逆コースを辿ってしまった。つまり前述のように、マルクスの草稿内での多重のスミス誤読を事実に即して一括払拭すればそれで済んだはずだ。ところが、内田説はそれらの誤読によるスミス批判を前提した上で、そこからスミスを免れさせようとしたために、無理やりスミスをケネー化するという大きな代償を支払わざるをえなくなった。

そのため、内田説を含む『国富論』理解が、市民社会論や物的再生産構造分析に極端に一面化したかたわら、スミス本来の付加価値論や労働生産力（労働能力）改良論による分析視角と、その価値法則論に基づく重商主義的貨幣増加策批判という基本テーマが、見失われることになった。また、スミス地代論もケネー・レベルのもの（重農主義の残滓）と解され、スミス生産的労働論を正統的に継承したリカードと比べて、スミス理論体系の内実が不当に過小評価されてきた状況を変えるには至らなかった。

前述の検証により、スミスにおける価値論体系の意義を唱えたはずの内田説が、その意図とは裏腹にスミス価値論理解の混迷を整序できずじまいになり、他方、スミスにおける価値論放棄説を提起したはずの小林説が、内実的には付加価値論説に帰着するという皮肉な結果を招来することになった。また、藤塚説は早くから第二規定＝賃金価値説を唱え、田添説は本来の生産的労働論をJ・ステュアートの中から発掘していた。私たちはこれらの成果を踏まえて、スミス価値論体系と経済学史の抜本的な見直しを求められている。

【主要参考文献】

K・マルクス『剰余価値学説史』〔Karl Marx, *Theorien über den Mehrwert*, 1905–56. *Marx-Engels Werke*, Bd. 26, Dietz Verlag Berlin, 1965. 岡崎次郎・時永淑訳、第一巻第四章、大月書店、一九六九年。〕

藤塚知義『アダム・スミス革命』東京大学出版会、一九五二年。

内田義彦『経済学の生誕』未来社、一九五三年。

小林　昇『国富論体系の成立』未来社、一九七三年。

田添京二『サー・ジェイムズ・ステュアートの経済学』八朔社、一九九〇年（初出一九五八年他）。

星野彰男『アダム・スミスの経済思想――付加価値論と「見えざる手」――』関東学院大学出版会、二〇〇二年。

平田清明「ケェネーとスミス」、高島善哉編著『スミス国富論講義』四、春秋社、一九五一年。

羽鳥卓也「A・スミスの資本用途論」、『経済系』第二三五集、二〇〇八年四月。

星野彰男「A・スミスと重農主義の相違」、『経済系』第二三六集、二〇〇八年七月。

補論一　価値（経済学における）

一　価格と価値

経済学における価値の議論は、独立生産者間で労働生産物（商品）を交換する市場秩序が広範に制度化された時代の経済論として唱えられた。市場での商品交換は通常、金銀貨幣を介して行われ、商品に等置された貨幣量がその価格である。同一商品の価格でも、自由な取引（交換）の中では千差万別であるが、交換の母集団が増加するにつれて、情報格差等に伴う偶然性は解消されていき、その価格は一定水準に収斂する。また、需要・供給の条件が変化すれば、価格も多様に波動するが、やがて水平線のようにその水準に戻されていく。このような市場価格の偶然性や波動性の中に貫かれる、本来の価格（自然価格）に着目する議論が生じてきた。

しかし、価格は貨幣量（金額）という名目にすぎないから、そこには何かその多寡を規定する実質的原因があるに違いない。ここに、価値の議論が生ずる根拠があった。その趣旨の議論は、中世にも神学思想に基づいて行われていたが、近代に至って、その原因を商品生産者の労働に認める労働価値論が唱えられた。その初期の論者が、十七世紀イングランドのペティやJ・ロックである。さらに、この議論を展開し理論化した論者が、アダム・スミスとリカードであり、両者の理論はともに古典（派）経済学と称されるに至る。

二　アダム・スミスの道徳哲学と価値論

スミスは元来、道徳哲学者であったが、その正義論の一環として法学を追究する過程で『国富論』が著され、その基礎理論として価値論が提起された。先の「自然価格」(natural price)をめぐる議論も、この文脈の中にある。ただし、彼は経済論だけから価値論の着想を得たわけではない。その価値論は価値論成立史の中で際立っているが、その着想の源は彼の『道徳感情論』の中にもあった。

同書は、行為の道徳判断の方法(能力)の問題とその基準(内容)の問題とを主題とした。「ある人のすべての能力は、それぞれ、他人における類似の能力について、彼が判断する際の尺度である」。そして、判断の対象になる当事者の感情(行為)とそれを判断する観察者の類似の感情(行為)との程度の一致感(「同感」)が評価の成立根拠である。この方法により、諸行為の「功績」(merit)などの当否をめぐる評価論を具体的に展開し、「社会はよい仕事を、ある一致した価値評価(valuation)に基づいて損得勘定で交換することによって、依然として維持されうる」と言及した。

この道徳哲学の方法は、価値論の方法と重なる。すなわち、『国富論』冒頭の「分業」論の中で、独立自営の分業当事者が相互に商品交換を行う際に、双方が相手の分業労働を評価しあい、合意に達して始めて交換が成り立つという。独立生産者Aの商品の価値はA自身では客観的に測定できないが、交換相手の独立生産者BがAの労働(能力)と類似する自らの労働(能力)を尺度として交換に同意することにより、Aの商品価値が測定されると言う。スミスは、このBの労働(能力)をAの商品が「支配する」(command)労働と名づけ、Aの商品価値はこの支配労働価値量によって測定されるとして、その尺度の単位を時間に換算した。ここに、価値論の基礎原理が最初に確立されることとなった。

三　付加価値と「見えざる手」

この分業（交換）論は資本蓄積・土地占有に先立つ社会における議論であるが、スミスがこれを展開したのは、過去のロマンとしてでなく、資本・土地所有が全般化する「文明社会」を認識するための基礎原理としてである。文明社会での利潤・地代への分配は、これらが商品価格の構成部分に含まれることにより可能となる。しかし、かれは資本（貨幣）や土地が価値を生むという見方を採らず、「（生産的）労働が原料の価値に付加する価値が賃金と利潤に分解する」（抜粋）と明言した。また、地代は自然率による利潤を上回る部分からその程度に応じて配分されるのだから、「生産的労働」による付加価値視点は一貫している。そのうえで、分配量を測る尺度として支配労働価値論が適用された。

さらに、スミスの「見えざる手」（invisible hand）論によれば、重商主義（貿易差額説）が資本を特定貿易部門に人為的に誘導していたことに対して、この政策を排し自由に任せても、資本は最も利潤率の高い部門に自ずと向かっていき、その部門が付加価値生産の比較優位を示す証しなのだから、それは意図せざる結果として総付加価値（国民所得）を最大化させると言う。つまり、この付加価値生産の優劣の見極めは、人為によらず、「見えざる手」（価値法則）に任せるべし、というのが彼の周知の命題である。また、金銀貨幣も労働生産物の一端に他ならず、貨幣流通量は総商品価値と等しい量に自ずと決まるという価値法則視点からも、貿易差額説による人為的貨幣増加策を退けた。

四　リカードの分配論と価値論

リカードは、一八一五年穀物法をめぐるマルサスとの論争の過程で、スミスから価値論を導入した。そのうえで、穀物法が自由貿易の場合より、国内穀物生産を関税政策で保護する分だけ穀価を上昇させるとして、この弊害を価値論によって解明した。すなわち、賃金・利潤・地代の三大所得のうち、賃金は自然法則的に決まり、穀価変動の実質的影響を受けないと見なしたから、穀価上昇は地代を増加させるが、名目賃金の上昇を介して利潤を減少させる。穀価下落はすべてその逆になる。こうして、総価値一定モデルの下で、地代が増加すれば利潤は減少し、地代が減少すれば利潤は増加する。この利潤→資本蓄積を妨げる分配関係を明晰に分析するには、所与の労働によって生産された総価値は一定であることが前提条件となる。そのため、リカードは、スミス価値論の枠組みを変更して、労働人口増加の場合を除き、労働価値は一定と仮定した。

スミスとリカードとの間の一つの相違は、リカードが商品の価値を自然価格と同一視したことである。すなわち、彼は資本財に投入された過去労働を含む総投入労働量に比例して利潤が決まると見なし、この利潤を含めて商品価値を捉えたからである。スミスは利潤の源泉を生産的労働による付加価値として捉えたが、それは見えないから、総価値・総価格一致命題の下で、見える個別価格（自然価格）を支配労働量によって測定した。このように、リカードは付加価値視点を利潤視点に一元化したうえで、価値尺度としての支配労働論をも退けることになった。

五　スミスとリカード

スミスの価値論がリカードのそれと異なる一つの特長は、分業による「労働生産力」改良視点の中に価値増加の議論を含めたことである。スミスは分業が生産物量を著しく増大させることを鮮やかに解明したが、それとともに、その労働の「熟練、技倆、判断力」をも改良することを強調した。そして、一般に分業の進展は非分業や初歩的分業と比べて、それに関わる「才能」（talent）を飛躍的に向上させると見なし、その才能による労働が実労働時間より桁違いに多い時間に換算される例を示した。これにより、在来商品の生産増（個別価値低下）や高付加価値製品の開発による総商品価値の増加、すなわち富裕化が実現する。

このスミスの富裕化論は、マルサス（『人口論』一七九八年）により過剰人口→貧窮化をもたらすと批判された。リカードはこの批判に応えるべくスミスの才能向上（価値増大）の論点を省き、価値一定（静態的モデル）の下での分配論に振り替えたうえで、それをより精緻に展開したため、以後、これが古典派価値論の典型と受け止められてきた。しかし、先の過剰人口→貧窮化というマルサス命題から脱却した近年、スミスの動態的モデルが内生的成長論（人的資本論など）との関わりで注目されるようになった。

スミスとリカードのもう一つの相違点は、運送業を含む商業労働の位置づけをめぐるものである。スミスは、社会の全成員が生産的労働に従事して商業労働が存在しない場合と、それが一部存在する場合とを比較し、後者のほうが資財備蓄分（退蔵）の活用や市場開拓を促す効果があると言う。つまり、商業は何も生産しないが、この活動によってその経費負担を補って余りあるほどに生産的労働の価値生産を「奨励」（encourage）するから、前者の場合より総付加価値を増加させると言う。ただし、その効果には一定の限度があるが、重商主義の特定貿易奨励策はこれを大幅に超えていた。したがって、その最適配分の見極めもまた、「見えざる手」に任された。リカードは、自らの課題に即して利潤視点に終始したため、生産的労働と商業活動のこの区別は不問に付された。

ここに、スミスは商業活動への付加価値配分の根拠を捉えていたが、その見方は、土地の肥沃度に応じた地代への付加価値配分論にも窺われる。

六　効用価値論と古典派価値論

リカード型の古典派価値論は、J・S・ミル（『経済学原理』一八四八年）により生産費説に変容されたが、その後、ジェヴォンズ（『経済学の理論』一八七一年）が快苦を判断基準とする功利主義哲学を価値論に適用して、他国のメンガーやワルラスとともに限界効用価値論を唱えた。この理論は、消費者の効用判断に基づく商品価値論であるから、価値形成原因に基づく古典派価値論とは対極的である。こうして、資本主義経済の成熟期を迎えて、この新説は経済学の主流を古典派から新古典派に転換させる契機になったが、その価値論自体は生産費説に伴う需要・供給理論に解消されてしまった。

一方、古典派価値論が共有する現代的視点の一つは、その課税政策である。古典派にとっては、生産的労働が商品価値を形成する源泉であり、その労働を雇用する財貨が資本であるから、利潤を原資とする資本蓄積が価値形成の不可欠の契機であった。一国の政府もこの社会の所得からの納税によって支えられるが、その国を豊かに維持・発展させていくためには、その価値形成要因をできるだけ損なわない程度の課税政策（安上がりの政府）が勧められた。

【主要文献】

Adam Smith, *The Theory of Moral Sentiments*, 1759; 6th ed., 1790. 水田洋訳『道徳感情論』上・下、岩波文庫、二〇〇三年。

Adam Smith, *An Inquiry into the Nature and Causes of the Wealth of Nations*, 1776; 5th ed., 1789. 水田洋監訳・杉山忠平訳『国富論』全四冊、岩波文庫、二〇〇〇—二〇〇一年。

David Ricardo, *On the Principles of Political Economy, and Taxation*, 1817; 3rd ed.,1821. 羽鳥卓也・吉沢芳樹訳『経済学および課税の原理』上・下、岩波文庫、一九八七年。

R. L. Meek, *Studies in the Labour Theory of Value*, 1956. 水田洋・宮本義男訳『労働価値論史研究』日本評論新社、一九五七年。

羽鳥卓也『リカードウ研究』未来社、一九八二年。

星野彰男『アダム・スミスの経済思想——付加価値論と「見えざる手」——』関東学院大学出版会、二〇〇二年。

補論二　書評・矢嶋道文『近世日本の「重商主義」思想研究』

一　経済史像の形成をめぐって

いつの時代にも社会科学の再検討ということが叫ばれてきたが、今日とくにその必要性が求められている。いつの時代にもそれなりの理由はあったが、今日に固有の理由とは何だろうか。それは、時代の大きな節目ということである。二十世紀末から時代は大きな転換を示してきた。それを象徴する事例がソ連等の社会主義体制の崩壊とそれに伴うグローバル化現象である。その結果として、かつて無謬性を誇ってきたマルクス主義の権威が地に墜ちた反面、自由主義的な市場経済観が不死鳥のように蘇ってきた。それに伴って、社会諸科学の再検討が避けられなくなった。中でも、とりわけ経済学と歴史学がそうである。なぜならば、それらの分野は、とくにマルクス主義や市場経済観と密接不可分に関わっていたからである。

そのような観点から、本書を受け止めてみよう。本書の特徴は、まず何よりも経済思想と経済史とが重なる問題領域を扱ったところにある。その意味で、本書は、先の再検討の必要性の最も高い領域に踏み込んだ研究なのである。ただし、著者自身がこのような問題意識を前面に掲げている訳ではない。むしろ、自己のテーマを学生時代に設定して以来、その延長線上で、日本の経済思想史上の各人物を対象とした研究の幅を淡々と着実に広げてきただけのようにも見える。そのことは、著者のかつての複数の指導教授の学風がとりわけ実証主義的であったこととも大いに関わりがあろう。また、当時、ライシャワーによって江戸時代を含む日本近代化評価論が提起されたことも、本書の発端にとって無関係ではあるまい。

しかし、著作というものは、いったん発表されてしまうと、著者の意図とは別に、その客観的に果たす役割が生じてくるものなのである。場合によっては、著者本人が意図してもいない結果をもたらすことも往々にしてありうる。評者は、本書をそのような観点から受け止めてみたい。つまり、端的に言えば、先の二重の専門領域において絶大な権威を揮ってきたマルクス主義の見方からの自立の可能性ということである。

例えば、そのことは、本書が対象とする江戸時代後半期の経済諸思想を、単に封建制に制約された産物と見るのではなく、近代的な「重商主義」と規定するところに鮮明に示されている。また、その「重商主義」の内容理解に関しても、マルクス主義の影響下に理論化された「固有の重商主義」論に批判的で、むしろ、欧米で唱えられてきた、より柔軟な重商主義理解を受け止めようとしているからである。

先述のように、今日、私たちは、過去の固定的な概念を根本的に疑ってみる必要がある。場合によっては、それらの概念破壊によって初めて何か新しい見方が生じてくるのかもしれない。その一例が、江戸時代＝封建制という固定観念である。確かに、その時代には、関所、参勤交代、幕藩体制および鎖国等々が最後まで残って、様々な形で近代市場経済の発達を妨げてきた。しかし、それらは、ただ過去の戦国時代の混乱に戻させないための制度的工夫として受け継がれていただけかもしれないし、天下泰平の時代には形骸化したまま、それらの制度に妨げられない範囲で、国民的な市場経済の普及とそれに支えられた生産力の発達という近代的な側面もあったはずである。

本書は、少なくとも当時の多くの経済思想書の中に、そういう側面が窺われることを系統的かつ詳細に解明している。しかも、それらの書物が現実の経済状況や経済政策・国防策等と密接に関わっていたことも、本書で十分に論及されている。また、それらの思想書の出現それ自体が、他の分野のものも含めて、借りものでない近代的な文化の証しでもあるように思われる。つまり、土地制度に伴う農業の生産関係＝階級関係だけでは律しきれない多元的な側面が、少なくとも江戸時代後期の経済諸思想を通して論証可能となってくるということである。そうだとすると、その時代を経済史の上ではどのように概念規定したらよいのか、という問題が自ずと浮上せざるをえない。まさに、本書は、この問題に答えるために全巻が捧げられたと言っても過言ではあるまい。その結果として、経済思想という限られた範囲内ではあるが、「重商主義」という規定が与えられた訳である。

そうなると、本書が考える「重商主義」とは何かが当然問題になる。そこで、本書は、全五章のうちの第一章をその検討に当てている。残りの四章は、各論であり、日本における「重商主義」的経済諸思想を四タイプに分けて、その内容とともにそれらの相互関係や系譜関係について論証する。ところで、前述のような観点から本書を受け止めようとする限り、とくに第一章の問題提起に着目せざるをえない。残りの四章については、評者が専門外ということもあり、割愛させて頂く。

私は、経済学説史や思想史の研究をしてきたが、その分野ではかなり厳密な論証が可能である。なぜならば、研究対象が特定の文献の範囲に限定されるからである。ところが、歴史の研究となると、研究対象の範囲は、ほとんど無限に近い。その中で、江戸時代後期を封建制と規定するのか重商主義と規定するのかについての決定的証拠は存在しえない。つまり、どちらとも言えるということである。その場合に、何が問題になるかというと、どちらかに無理に限定する議論は、一応、疑ってみる必要がありはしないかということである。そして、従来の通説は、「封建制」説に凝り固まっていた。

その意味で、本書は、そのような一面的な固定観念に対する概念破壊効果を有する限り、有意義である。このようにして、江戸時代後期に対する多元的な見方が確立される中で、史実に即して、より適切な・均整のとれた経済史像が形成されていくのだろう。それはまた、必然的に明治維新以降の政治・経済史像の形成にも深い関わりを有することになる。そして、その場合にも、先の江戸時代後期の場合と同じことが当てはまる。そういうところに、歴史研究の面白さとともに難しさがあるはずだ。

このような歴史観は、評者の学生時代に上原専禄から学んだものである。(『世界史像の新形成』参照。)また、評者の高校時代の友人・西尾幹二が大著『国民の歴史』その他によって、江戸時代等の歴史の読み替えを提言していることとも、大いに関わりがある。ただし、その読み替えが従来の通説を逆転させる形で別の支配的観念に堕する恐れ無しとは言えない。しかし、その危うい反動を助長しているのが、従来の通説(「自虐史観」)の側にもあるのだから、その意味でも、本書の通説概念破壊は有意義である。

このように、本書では通説概念破壊のための理論装置として、「重商主義」概念が適用された。そして、評者はその一定の意義を前述のように認めてきたが、しかし、そこに何の問題も無いのだろうか。本書に対して一般的に指摘されるであろう問題点の第一は、江戸後期の経済諸思想を、果たして「重商主義」と規定できるのかという点にある。しかし、評者はその意義と可能性を認めうると述べてきた。そこで、問題点の第二は、著者の言う「重商主義」の内容の当否である。評者は、これについて異論がない訳ではない。しかも、本書(七八―九頁)の(注)の中で、評者の見解の一部が引用されつつ、これに対する著者の反論も付されているので、以下、これをめぐって論評してみることにしたい。

二　「重商主義」論をめぐって

周知のように、「重商主義（mercantile system）」という言葉は、学術的にはアダム・スミスが『国富論』の中で、最初に用いた言葉である。その言葉が江戸時代に適用された前例は、福田徳三等に見られるが、江戸期研究書の表題として用いられたのは、本書が恐らく初めてだろうし、その言葉＝概念の創始者にとっては、もって瞑すべきことだと言えるかもしれない。しかし、スミスは、そのように喜んでばかりはいられない。なぜならば、スミス以降に、「重商主義」の用語法＝概念が大幅に変化してきたからである。それだけならば、学問の進歩の一環としてありうることだが、そこから、誰かがその変化した用語法でもって、逆に創始者スミスの用語法が間違っていると言ったとしたらどうだろうか。それが、学説史の経過を無視した本末転倒の議論であることは明らかだろう。

ところが、そのことは、決して架空の話ではなく、経済学史や経済史の領域で実際に発生した事実なのである。評者が先に概念破壊の必要性を強調したことの一環には、実はこのような学風のあり方に対する疑念もあったからである。しかし、誤解のないように言うが、本書がそのような本末転倒の議論をしている訳ではない。むしろ、先のような本末転倒の議論を行ってきた類いの重商主義論に対して、批判的ですらある。また、本書のタイトルの「重商主義」に引用符が付されたのは、創始者スミスの用語法でなく、その後の経済史や経済政策分野の学界で用いられている用語法に限定して使用するという意味だと解される。本書には、そういう意味での学問的謙虚さが横溢している。そうだとすれば、少なくとも本書の「重商主義」論に関する限り、先の本末転倒の誤謬はあらかじめ回避されていると言える。

にもかかわらず、創始者の用語法をその後の学界用語法に変えるということそれ自体の中に、創始者の用語法はもはや通用しないという意味での批判意識が含まれざるをえない。本書の立場はそれに相当する。しかし、そこになお問題はないのだろうか。つまり、スミスは、周知の「見えざる手」の観点に立って、それを妨げる重商主義説を批判したが、従来の強固な通説は、この「見えざる手」を単なる自由放任説と理解して、それに対する重商主義説を政府の「巧みな手」による政策体系だとみなした。そうすると、重商主義も、自由主義的な資本主義形成期の一環としてその存在理由が十分に認められることになる。したがって、これに対するスミスの批判は、単にイデオロギー的な立場の違いを表明したにすぎないものとなる。これが、本書を含む従来の通説的パターンである。

しかし、そこで見過ごされてきたことは、「見えざる手」論が単なる自由放任論ではなく、スミス固有の付加価値視点にもとづく資本と労働の最適効率化配分を論証する「価値法則」（ミル）視点を表したものだということである。このようなことは、最近の拙著（『アダム・スミスの経済思想』）で初めて本格的に提起したばかりの新解釈であるから、本書がこれに十分応えうる内容になっていないのは止むをえない。つまり、通説と異なる評者のスミス理解によれば、スミスが批判する重商主義とは、それが「見えざる手」＝価値法則視点をまったく欠いた貨幣増加政策論議にとどまっていたために、政策の方向を見誤らせる体系だということである。

スミスは、重商主義の理念型をそのように捉えた。すなわち、それは価値法則視点を欠いている体系（富＝貨幣）だという点がメインなのであって、スミスは、理論形成の立場からその欠如を問題視して、そこから生じうる錯誤の可能性を鋭く指摘した。ところが、通説のように、この重商主義を資本主義形成期の単なる政策概念、それが実施された歴史概念に振り替えて解すれば、そこには、生産力形成によって「見えざる手」＝価値法則貫徹の方向へと促進する政策体系と、その方向を妨げる政策体系との両極がありうることになる。「固有の重商主義」論が提起されたのは、この前者の政策体系をそのように名づけ、これを「本来的重商主義」とみなして、後者の「前期的重商主義」と区別したからである。しかし、そこには明らかに無理がある。

すなわち、スミスの政策論によれば、価値法則に見合う政策とその視点を欠いた重商主義国家による貨幣増加政策＝貿易差額説との両極があるだけである。そうだとすると、先の「固有の重商主義」は、両者の混合形態にすぎず、これが純粋型としての「本来的重商主義」などとは決して言えないことになる。ところが、通説は、これを「本来的」とみなしたために、スミスと重商主義との間の本来の区別の基準であるべき価値法則認識の有無という視点をどこかに見失ってしまった。

しかし、元来、「固有の重商主義」と「前期的重商主義」の区別は、イギリス史上のものであって、ともに価値法則視点を欠いた貨幣増加政策＝貿易差額説を基本としていたという点で、概念的には区別されない。その概念にもとづいて実際の政策が採られたときに、価値法則に見合う「固有の重商主義」の方が、そうでない「前期的重商主義」より成功したというだけのことだ。したがって、その成功の原因は、重商主義概念のゆえではなく、その中に古典派の価値法則視点に見合う政策内容が、意図せざる結果として込められていたからに他ならない。

いずれにしても、価値法則視点に到達する前段階での表象的イデオロギーとして、そのような否定媒介的契機が求められたのであって、その点に、重商主義の過渡的な存在理由とその歴史的必然性が認められるということだろう。

つまり、重商主義は、価値法則の実現に資する限りで現実的有効性を保証されるが、その実現を妨げる度合によって、歴史の舞台からの退場を迫られるというように位置づけられよう。その意味では、重商主義それ自体は、歴史の推進主体にはなりえないものなのである。

ところが、先の意味での混合的な「固有の重商主義」が「本来的」なものとみなされ、その用語が学界で一人歩きしてしまった。本書がこのような「固有の重商主義」の見方に囚われていないことは、一つの救いではあるが、それを十分にのり超えきれたとは言えない。確かに、本書で言う「重商主義」は、内容的には「固有の重商主義」とかなり重なる面がある。ただし、後者のようにイギリス名誉革命体制にその典型を求めるのではなく、むしろ農業に依拠する度合の強かったフランスの議論に近いものとして、日本の「重商主義」を理解するところにその特徴がある。だが、私見によれば、日本の経済思想が「重商主義」と言えるのは、価値法則視点を欠いたまま、国家主導型の貨幣的・国防的政策体系として提言された場合である。

本書はそのことを明らかにしようとしたが、前述のように、これまでの学界の状況に制約されて、重商主義における価値法則視点の欠如という観点からの分析が自覚的にはなされていない。もしこの視点を導入して本書第二章以下の再検討を行ったら、どういうことになるだろうか。もちろん、個別論者ごとに流通市場を重視したり、農業生産を重視するという形で、間接的に価値法則視点に近づいていたケースもありうるだろう。そうすると、それは、「固有の重商主義」の場合と同様に、古典派的な見方との混合形態と言えるかもしれない。それを、無理に「重商主義」という用語だけで括ってしまうことに問題はないのだろうか。

この疑問を本書に向けることは、お門違いだと言われるかもしれない。なぜならば、この疑問は、経済史学界全体に対して向けられるべき疑問点だからである。つまり、経済思想は別として、近代初期の時代区分として重商主義という言葉を安易に用いることに対しての疑問だからである。本書の第一章では、これまでの主要な重商主義論研究史の詳細な検討が行われている。また、最新の内外の研究成果にも広く目配りしつつ、それらの問題点をも的確に指摘している。この分野の論究としては、日本では恐らく最も詳細なものの一つではないかと思われる。その意味で、大いに勉強させて頂いた。にもかかわらず、先のようなことを指摘せざるをえなかったのは、学界総体に対して、重商主義という用語法そのものに疑問があるからである。

これは、本書に対しては無い物ねだりかもしれないが、しかし、本書の第一章を読んだ後でも、著者を初め多くの論者たちが重商主義概念のあいまいさに悪戦苦闘している姿が強く印象づけられた。多くの論者たちが長年にわたって議論しながら、明確な結論を出せないことに苛立ち、その概念によって自縄自縛に陥っているかのように見えるからである。これは、論者の能力を超えた問題であり、そこに、学界における重商主義概念の使用法の限界が示されていると言えないだろうか。

それでは、その打開の方策はどこに求められるのか。それは言うまでもなく、原点に立ち戻ることである。その原点もあいまいであるとすれば、それをさらに再検討すればよいことである。そこに答えがまったく見出せない訳ではないはずだ。このような意味での経済史学界での混迷の一因は、「見えざる手」に象徴される市場経済認識がこれまで不十分だったからである。そして、その不十分さが重商主義概念の不十分さに連動していたからである。

しかし、これらは、経済史学に固有の問題点ではなく、むしろ経済理論認識における問題点である。つまり、経済学の理論分野の怠慢が経済史学分野の不十分さに反映されたものに他ならない。したがって、従来の経済学は、アダム・スミスの原点に立ち返り、「見えざる手」の再検討をとおして、重商主義概念を捉え返すことから再出発しなければならない。したがって、問題は、評者自身の元へ投げ返されることになる訳だ。

その意味で、前述のような問題点は、本書のみが負うべきものでなく、関連する学界の状況全体に対する問題提起なのである。あるいは、そのような問題を、閉塞的に見える日本経済史学界に投げかける契機を与えたという意味で、本書のテーマ設定は有意義である。評者の前述の指摘は、そのような学界状況を踏まえた上でのものであって、本書の意義を評価しない立場からのものでないことは、ご理解頂けると思う。また、本書の本領が第二章以下の実証分析にあることは、言うまでもあるまい。（その点については、『経済系』第二一〇集（二〇〇二年）に学位論文「審査要旨」として的確な評価がなされているので、それを参照されたい。）（御茶の水書房、二〇〇三年、四七六頁、七八〇〇円＋税）

補論三　私の経済観

一　「蟻とキリギリス」

「政策と法律の完成についての、ある一般的なそして体系的でさえある観念が、政治家の諸見解を方向づけるために疑いなく必要であろう。しかしその観念が要求すると思われるあらゆるものごとを樹立すること、しかもすべてを一時に、あらゆる反対にもかかわらず樹立することを主張するのは、しばしば最高度の傲慢であるに違いない。」

これは、十八世紀末アダム・スミス『道徳感情論』の一文だが、前世紀中葉にハイエクがこの観点を絶賛して、スミスの「見えざる手」の観点とともにこれを現代に生かそうとした。

ハイエクがスミスのこれらの観点を評価したのは、ナチズムと共産主義に対する根本的な批判があったからである。しかしその見方は時代錯誤だとみなされて、ケインズ派全盛時代には不遇をかこっていた。その見方が勢いを増したのは、前世紀末にケインズ政策の破綻とソ連圏の崩壊があったからである。それ以来、市場経済のグローバル化が席巻している。その意味で、今は、スミス-ハイエク路線の時代を迎えていると言える。

それでは、その両者は同じ思想なのだろうか？　先の観点に関しては同じと言えるが、経済観に関してはかなり異なる。一言で言うと、スミスには労働価値論があるが、ハイエクはそれを認めない。その違いを、「蟻とキリギリス」

の寓話に譬えてみよう。スミスの見方は、キリギリスが音楽を奏でられるのは蟻が黙々と働いているお蔭だ、というものである。ハイエクの見方は、キリギリスが音楽を奏でられる程度によってその社会の豊かさが示される、というものである。かの寓話は、ハイエクのような見方が適切でないことを子供に学ばせることにあったはずだ。ところが、経済学界では、その寓話と同じスミスの見方が退けられ、ハイエクの見方が支配的なのである。

なぜそのような倒錯が起こってしまったのか？　それは周知のように、その寓話の見方がマルクスによって受け入れられ、社会主義→共産主義の思想に転換されてしまったからである。スミスはその前の時代であったが、ハイエク等は社会主義の挑戦を受けた最中にいた。したがって、その時代にその寓話の見方を唱えることは、社会主義思想に肩入れすることになりかねない。先の倒錯現象が生じたのは、このような止むなき事情によっていた。

ところが、現在はマルクス主義＝社会主義の崩壊の時代である。だとすれば、先のような気兼ねせずに正論を吐ける時代が到来したと言えるのではないだろうか。しかし、学者にとってはそう簡単に考えを変えられるものではない。考えをころりと変えることは、教えた学生に対して無責任になりかねない。しかし正論を正論として教えないこともまた責任放棄だろう。ここに、現代経済学の深刻なジレンマがあるはずだが、大方の経済学者は何も感じていないようだ。まるで、皆で渡れば怖くない、といった風情である。

マルクスの蟻の思想は、キリギリスの存在を否定するものであったが、スミスの蟻の思想は、そうではない。なぜなら、他者の存在を否定する思想は、冒頭引用文にあるように、「最高度の傲慢」として退けられているからだ。先の寓話も子供にキリギリスの存在を否定させるものではない。キリギリスの音楽は蟻の働きがあることによって成り立つのだが、その音楽によって生活に潤いが生ずることをも教えようとしたはずだ。スミスの見方は、その意味で寓話の教訓と一致する。マルクスの見方は、言わば蟻だけの世界を創って蟻に音楽を奏でさせるようなものだろう。しかも、そこには「最高度に傲慢な」支配者がいるから、蟻たちも萎縮して働き方も鈍ってしまう。働く蟻だけの、より豊かな世界を創るはずだったが、まったく逆の結果をもたらしてしまった。

これに対抗したハイエクの見方は、マルクスに反発する余り逆の倒錯に陥ってしまった。幸か不幸かマルクスを知らなかったスミスは、寓話と共通する極めて常識的な経済観を述べていた。しかも、その中で今日の知的財産権に関わる議論もしていた。ところが、十九世紀以来、リカードとマルクスはこれらを認めず、内外の各学派も、両者の絶大な権威に依拠して口裏を合わせてきた。近年、拙著が初めて先のスミス理解を提起し、学界の一大ミスを追及している。前述のように学者は転換しにくいが、その困難をのり超えて既成学問の抜本的転換を図る異才が現れることは、時々起こりうる。拙論がその露払いの役を果たせればと期している。この〔二〇〇五年〕五月末にはメインの学会報告を求められている。これは口頭報告のラスト・チャンスだ！

二　経済観の呪縛

現代に至る経済観は様々な呪縛に囚われてきた。社会制度的なものは別にして、影響力の強い経済観そのものが呪縛作用を揮う場合が多いからである。マルクス（一八六七年）のそれについては前項で述べたが、もう一つの有力な呪縛作用としてはケインズ（一九三六年）のものがある。その両者の経済観に共通する致命的欠陥は、ともに人間の性善説に依存したことだ。そのため、それらは性悪的人間によって見事に裏切られるに至った。ケインズの経済観の核心は不況時における財政支出による景気対策だが、不断にそれを求める産業界や地域住民の声に、政治家は適切に対処しうる術を持たなかった。その結果、どの国も財政赤字体質になり、後世に莫大な借金を残してしまった。経済学界は遅まきながらこの呪縛作用に気付いて、そこから脱皮しつつある。前項で触れたスミス–ハイエク路線はこうして甦った。

そうすると、今日の世界はこの両者の呪縛に囚われているのではないかという疑問が生じうるが、ハイエク（二十世紀中葉）の呪縛作用についても前項で触れた通りだ。したがって、残るはスミスの経済観（一七七六年）だけになるが、その場合、先ずもってその経済観が的確に理解されていることが前提になる。私が「呪縛」を問題にする理由は、このスミス理解において諸々の呪縛に囚われた誤解が今なお通説化しているからだ。前記の呪縛の他に、より根本的な呪縛はマルサス『人口論』（一七九八年）によるものだ。リカードの経済観（一八一七年）はこの呪縛に囚われた上で、スミス経済観の核心を批判した。そしてこの批判を、拙著（『アダム・スミスの経済思想』二〇〇二年）を除く内外のすべてのスミス論が無自覚的に踏襲してきた。

マルサスの人口法則は周知の通り、食糧事情が許す限り動物界と同様に人口は必ず増加するというものだ。マルサスはこの観点からスミスの富裕化（価値増加）論を退けた。つまり、富裕化してもそれに応じて人口も増加し、農地には一定の制約があるから、穀価上昇により逆に貧窮化してしまうという訳だ。リカードはこれを受け入れて、スミスの価値増加論を価値一定モデルに振り替え、その下での分配論（利潤vs地代）を主題とした。ちなみに、マルクスもこのモデルを受け継いで賃金vs利潤の相殺関係を主題とした。かくして、スミス経済観はリカードのそれに埋没させられ、その独自性が見失われてきた。しかしマルサスの人口法則は、当初から経済先進国には当てはまらない。とすると、そこではマルサス命題から脱却した経済観が求められる。にもかかわらず、スミス経済観の独自性は見失われたままだ。その一例を示してみよう。

「仕立屋は自分の靴を作ろうとはせず、靴屋から買う。靴屋は自分の服を作ろうとはせず、仕立屋を使用する。農業者はどちらも作ろうとはせず、それぞれの工匠を使用しようとする。彼らは皆、自分たちの勤労のすべてを隣人たちよりも何か有利な仕方で使用し、その生産物の一部……の価格で何でも自分たちの必要とする別のものを購入する方が利益になることを承知している。」（水田・杉山訳『国富論』岩波文庫（二）三〇五頁）

これは、国際分業＝自由貿易の有利性を唱えた「見えざる手」の文脈中の一文だが、リカード以来の価値一定モデルによって単に商品の量的増加を論じたものと解されてきた。この通説が見失っていたものは何か？それは、ある一人の勤労が必要物資を何でも作る場合より、何か彼の最も得意な一つの仕事に専念する場合の方が、物量だけでなくその交換価値＝購買力（収入）をも増加させるという観点である。その根拠は何か？それは勤労能力（talent）の改良である。一人で多種類の仕事をすると効率が悪いが、一つの仕事に専念すれば効率よく、技術も向上する。スミスはこれを労働密度の向上と見なし、その係数を時間量に換算した。そして、この時間量に比例して総商品価値が増加すると考えた。ただし、その計算は人知の及ぶところでなく、市場での相互評価＝「見えざる手」に任せるべし、と言ったのである。

経済学界は先の呪縛に囚われて、この論点をまったく見失ってきた。だが、スミスによれば、分業による労働能力（頭脳労働を含む）の改良が、労働量の増加によらなくても一国の総付加価値＝国民所得を増加させる原因である。このことは、『国富論』全体を通して言えることだが、先の引用文にも含意されている。この折角の問題提起を黙殺したままスミスの呪縛云々を吹聴すれば、早計の謗りを免れない。ここに前項の例解を敷衍した次第だが、先の引用文はさしずめ「蟻とキリギリス」の近代版と言えようか。

三　マネタリズムの破綻

私たちの日常生活は何よりも経済活動によって成り立っており、それだけでは十分にカバーしきれない領域は政治活動によって補強されている。生活システムを論理発生的に捉えてみれば、そのように言えるだろう。そうすると、どこまでが民間経済活動に任され、どこから公的政治活動に任されるべきかの境界線があるはずだ。これを究めるために十七―十八世紀の英仏で、経済学が政治論から独立し始めた。そして数世紀が経ち、その境界線の確定や双方の相互関係についても大きな世論の流れが形成され、世界的合意が確立されている。

しかしそこに何の問題もないわけではない。特に昨今、サブプライム問題のようなバブル発生とその破綻、その後の資源高騰などに見られるように、先の合意が揺れ動いている。グローバル化した市場万能論がついに破綻し、投機マネーの横暴を政治力によって制御すべし、と声高に叫ばれ始めた。市場経済が立ち行かなくなった時には、その機能を維持するために政治力で解決すべきだということは、経済学の共通世論であったから、そのような叫びは当然のように聞こえる。しかし政治力はマネーの世界をどのように制御するのか？米国主流派のマネタリズム経済学は途方に暮れているようだ。では、どうすればよいのか？　前各項の拙論はこのような事態をも念頭に置いて記したつもりだ。つまり、困った時には過去の叡智に学んでみるということである。

十八世紀中頃までの英仏では、散発的にバブルが繰り返されていた。スミス『国富論』はこれへの対処法も念頭に置いて著わされた。つまり、マネー的世界とは何か？という問いであり、これへの解答が彼なりの労働付加価値論であった。根源的には、商品価値はマネーによるのでなく商品を作る労働の度合いによって決まり、マネーは商品流通の必要のため事後的に選定・導入された。したがって、マネーの流通量は商品価値の流通量によって規定される、と言う。当時も今もそれとは逆に考えられているが、スミスはその通念を覆そうとした。ただし、当時は金本位制であったから、商品取引や貿易の自由に任せても、商品価値に基づく効率的資源配分が実現され、貨幣流通量もその一環として自ずと決まってくる。紙幣も発行されていたが、それは金銀貨との兌換制に裏打ちされていた。これが彼の「見えざる手」論であった。

ところが、二十世紀初頭に各国で金本位制から管理通貨制に転換し、最終的には一九七一年に金・ドル交換停止して以来、貨幣発行権は全面的に各国政府（中央銀行）に委ねられた。その結果、マネタリズム経済学の下で貨幣の過剰流動性や過剰信用の流れが不可逆的に定着してしまった。それは不況対策等のためではあったが、そのツケがバブルやインフレに回されつつある。これと共通する問題に答えていたのがスミスの先の議論であるが、これまでの学界はこぞってその理解に拒絶反応して、折角の叡智を見損なってきた。拙著・拙論はそれを是正しようとしているわけである。

拙論に疑問を抱く人達が一様に言うのは、労働価値論など証明できないことを今なぜ問題にするのか？ということだ。これにまともに答えると水掛け論になるのがオチだから、次のように反論する。十七世紀末にニュートンが万有引力の法則を提起したが、これとて証明できない。しかしそれを仮定すれば、天体の運動は潮の満干に至るまで首尾一貫して説明できる。実は、この議論はスミスの遺稿「天文学史」の中に記されていた。彼がこれに意を強くして経済価値論を提起したことは想像に難くない。

この価値論によって価格現象を万事矛盾なく説明できればそれで良し、と考えればよいわけだ。例えば、再生産できる商品の価格は、その生産に込められた技術集約度（価値）に比例してその大きさが決まる。しかし再生産できない希少価値もある。繁華街用地や美術品等の高価格は、市場における需要の強さに比例して決まるが、それらがその価値を生み出すのでなく、生産場面で産出された付加価値から税収のように再配分されると想定すればよい。金融工学も所詮、この再配分を余分に吸引する技術を競っているにすぎない。

通貨制がどうあれ、実物経済にとっては副次的な事柄だから、実物経済の価値法則は貫徹される。これを否定しおおせないことは年々立証されつつある。スミスは元来、道徳哲学者であって経済学プロパーでなかったが故に、通念に抗してこういう洞察ができたようだ。一方、米国主流派経済学の抜本的再検討は避けられない。第一項で触れたハイエクも、マネタリズムを社会操作的な思い上がりだと批判していた。

四　価値法則の立証

スミス経済学（一七七六年）の根幹を成す経済価値論は、十九世紀末に、①証明不可能なものとして退けられ、また、②マルクス理論によって克服・代替されたと解されてきた。①の「証明不可能」は確かにそのとおりだ。しかし、その発想が現代に至る経済学のあり方を歪めてしまったのかもしれない、と疑ってみる必要もある。欧米主流の現代経済学は価値論抜き経済学に成り変わってしまったからである。他方、②価値論に立脚する経済学はマルクス経済学だけだとみなされてきた。ここに、価値論経済学にとってのもう一つの不幸な現実があった。なぜなら、ソ連等の社会主義の破綻によってマルクス経済学も破綻し、その根幹を成す労働価値論も同様だと喧伝されてきたからだ。

①の「証明不可能」については、ニュートンの万有引力（重力）説も同様だが、それに代わりうる説得的理論が現れない限り、ニュートン説は有効（真理）だとみなされてきた。スミス自身もそう述べていたから、彼の経済価値論もこれと同様の発想に依拠していたと推察される。つまり、それが証明不可能であっても、有効（真理）である可能性を残しており、それを退ける決定的理由にならない場合もありうるからだ。ただし、そこには自然界と人間界との相違がある。それに対しては、人間世界の中にも自然界と同様の自然法則（見えざる手）が貫徹されていると仮定してみればよいだろう。だが、天体の運動では日々ニュートン説が経験的に立証されるとしても、人間界ではそういう立証もできないように見える。では、どのようにしてその妥当性を経験的に確証できるのだろうか。本稿を「私の経済観」と題した理由の一つはここにある。その確証は、経験的人間世界の現実の中においても究極的には示されざるをえない、と私は考えるからである。

例えば、ソ連型社会主義の破綻はマルクス理論の破綻と言えるし、米国金融バブルの破綻はマネタリスト経済学の破綻と言えるが、いずれもスミス理論の破綻とは言えない。諸国の財政破綻についても然り。こうして、消去法的にスミス理論は生き残る。これと同様のことが今後も続いていけば、つまり、スミス理論に反する経済社会は永続できず、それに違背しない経済社会が永続すれば、結果的にスミス理論の信憑性が立証されていく。このプロセスにより、ニュートン理論と同様の信憑性が人間界においても確証されうる。今は私の予想より早く、着実にこのプロセスが進行しつつある。

②については、マルクスはスミス価値論を不当に貶め、最終的には否定することによって、価値論を専有化し、社会主義革命の論拠にした。この両者間の理論的継承関係について、内外の経済学界はマルクスの重大なスミス取違え

を見過ごしてきた。マルクス（遺稿、一九〇五年）はスミスの一文を重農学派と混同し、「土地が価値を生むとみなして、労働価値説を放棄した」（要旨）と難詰し、この解釈が学派を問わず通説化されてきた。私は二〇〇九年五月の経済学史学会大会で、その解釈が多重の取違えだから、一括払拭されるべきだと報告したところ、意外にも二〇〇人近い出席者からの反論は皆無だった。この取違えは自らの混乱を相手の混乱に転嫁した人権侵害だが、その責任はこの遺稿の援用者が負うべきだ。

では、なぜそれほど明白なことが見過ごされてきたのか？その理由は、①欧米主流派が労働価値論に拒絶反応し、そこに立入って議論する意味と必要性を認めず、②マルクス学派はマルクスの学問的不始末を追及する姿勢に欠けていたからである。この両派が学界の空気を支配してきたため、先の死角が生じてしまった。無垢な私は学生時代から、いかなる学派にも囚われず、スミス道徳哲学をめぐる西欧思想史をフォローし、晩年になってスミス経済学に取組んだ関係で、一世紀後に先の取違えを正すことができたわけである。これは経済学の根本を左右する大問題であるはずだ。この論証によって、労働価値説の元祖は正真正銘アダム・スミスであり、マルクスはこれを社会主義理論として専有化しただけだから、その説を元祖に戻さなければならないことに相成るからである。

昨今の市場万能論とスミスの「見えざる手」とが同一視されがちだが、それは価値論抜き現代経済学の「見えざる手」曲解には妥当するとしても、価値論に立脚する本来の「見えざる手」には妥当しない。昨今のバブル崩壊は、本来あるべき価値水準から大きく逸脱したバブルが「見えざる手」に導かれて本来の水準に戻されただけであって、真実はまったく逆だからである。こうして、ソ連崩壊とバブル崩壊とによって、経済世論はじわりと本来のスミス寄りにシフトしつつある。スミス価値論を虚仮《こけ》にしてきたマルクス学派と現代経済学はその抜本的見直しを迫られ、スミス価値理論は否応なくその信憑性を確証されていく。その際、自然環境保護のような大問題は、倫理や政治の課題として、この価値理論を活用し、修正することによって、その評価と実践もより的確なものとされようが、それによってこの価値理論の存在理由が無くなる筋合いのものではない。

著者紹介

星野　彰男（ほしの・あきお）

1935年　東京都出身
1960年　一橋大学社会学部卒業。同大学院社会学研究科博士課程修了
現　在　関東学院大学名誉教授、博士（社会学）
　　　　経済学史・社会思想史専攻

主要著書
『アダム・スミスの思想像』（新評論、1976年）
『国富論入門』（共著、有斐閣、1977年）
『市場社会の体系―ヒュームとスミス―』（新評論、1994年）
『アダム・スミスの経済思想―付加価値論と「見えざる手」―』
（関東学院大学出版会、2002年）

アダム・スミスの経済理論

2010年10月24日　第1刷発行

著　　者　星　野　彰　男

発 行 者　関東学院大学出版会
　　　　　代表者　大　野　功　一
　　　　　236-8501　横浜市金沢区六浦東一丁目50番1号
　　　　　電話・(045)786-5906／FAX・(045)786-2932

発 売 所　丸善株式会社
　　　　　140-0002　東京都品川区東品川四丁目13番14号
　　　　　電話・(03)6367-6038／FAX・(03)6367-6158

印刷／製本・藤原印刷株式会社

ISBN 978-4-901734-39-4 C3033　　Printed in Japan

人 名 索 引

事項索引

あ　行

か　行

さ　行

た　行

な　行

は　行

ま 行

や　行

ら　行

事 項 索 引